Schmuck **Deutsch für Juristen**

Deutsch für Juristen

Vom Schwulst zur klaren Formulierung

von
Michael Schmuck
Rechtsanwalt

2. Auflage

2006

Verlag
Dr. Otto Schmidt
Köln

Bibliografische Information Der Deutschen Bibliothek

Die Deutsche Bibliothek verzeichnet diese Publikation in der Deutschen Nationalbibliografie; detaillierte bibliografische Daten sind im Internet über <http://dnb.ddb.de> abrufbar.

Verlag Dr. Otto Schmidt KG
Gustav-Heinemann-Ufer 58, 50968 Köln
Tel.: 02 21/9 37 38-01, Fax: 02 21/9 37 38-9 43
e-mail: info@otto-schmidt.de
www.otto-schmidt.de

ISBN 10: 3-504-64409-5
ISBN 13: 978-3-504-64409-3

Das verwendete Papier ist aus chlorfrei gebleichten Rohstoffen hergestellt, holz- und säurefrei, alterungsbeständig und umweltfreundlich.

Satz: DTP-Service Renet, Korschenbroich

Druck und Verarbeitung: Druck Partner Rübelmann, Hemsbach

Printed in Germany

Vorwort

Die Sprache ist das Handwerkszeug des Juristen. Gesetze und Urteile sind mit Worten geformt, das Recht wird mittels Sprache transportiert. Wenn die Worte missverständlich sind, die Sprache verworren ist, kann das Recht nicht oder nicht richtig angewendet werden. Ein Vorsitzender Richter am BGH hat sich in einer Fachzeitschrift einmal darüber beklagt, dass die Oberlandesgerichte die Rechtsprechung seines Senats offenbar nicht verstünden: Sie wendeten sie nicht so an, wie es der Senat wolle, schrieb der Richter. Das zeigt, wie wichtig eine reibungslose Kommunikation ist.

Aber Verständigungsprobleme fangen viel früher an: Mandanten verstehen den Anwalt nicht, der Anwalt redet an seinem Kollegen vorbei; Zeugen missverstehen Fragen des Richters. Vieles in der Juristerei könnte schneller und besser funktionieren, wenn die Beteiligten sich verstünden. Viele juristische Diskussionen werden nur ausgelöst, weil nicht klar ist, wie ein Gesetz, ein Urteil oder ein Vertrag rein sprachlich zu verstehen ist. Selbst neue Gesetze werden nicht genügend auf sprachliche Qualität und Klarheit geprüft. Sie verursachen oft mehr Verwirrung als alte Normen.

In vielen Unternehmen arbeiten Juristen an Unternehmenstexten, Rundschreiben, Arbeitsanleitungen und sogar Kundenbriefen mit – und machen sich wegen ihrer kryptischen, umständlichen Formulierungen reichlich unbeliebt. Juristen stiften Verwirrung, stören die Kommunikation. Wo Kundenbriefe juristisch „verseucht" sind, geben die Kunden bei Befragungen an, dass das Vertrauen in das Unternehmen gestört ist: Juristendeutsch verursacht Skepsis.

Dem Sprachproblem der Juristen soll dieses Buch abhelfen. Nachdem Sie dieses Buch gelesen und die Übungen bearbeitet haben, werden Sie sensibler an Ihre Schriftsätze, Briefe und Vertragsentwürfe herangehen. Sie werden Einfühlungsvermögen in die Sprache und in Ihre Leser bekommen. Es soll Ihnen – nach seinem eigenen Motto – kurz und klar auf wenigen Seiten mit vielen Beispielen und Übungen die wichtigsten Regeln für verständliches Deutsch vermitteln. Zunächst sollen Sie mit einer Mischung aus normalen und juristischen Texten lernen und üben, erst dann an rein juristischen Texten. Normale Sätze sind nötig, damit Sie sich nicht gleich in inhaltlichen, juristischen Fragen verfangen.

Der für ein Fachbuch erfreulich gute Verkauf der ersten Auflage und der große Zuspruch zu meinen Seminaren „Klares Deutsch für Juristen" zeigen, dass viele Juristen – vor allem Anwältinnen und Anwälte – gemerkt haben, dass klare Sprache wichtig ist. Auf der Grundlage meiner Seminare habe ich schon die erste Auflage dieses Buches verfasst. Neue Erfahrungen bei der Beratung von Anwaltskanzleien, Rechtsabteilungen, Behörden und Versicherungen und viele Diskussionen tragen nun zur zweiten Auflage bei.

Vielen Dank für Ihr Interesse an einer klaren Sprache.

Berlin, im Januar 2006

Michael Schmuck
(www.michaelschmuck.de)

Inhaltsverzeichnis

I. Tipps für klares Deutsch

Sie sollen Ihre Schriftsätze nicht verfassen, als seien Sie Goethe oder Lessing; Sie sollen sie aber so formulieren, dass sie verständlich sind. Verständlichkeit ist die Basis aller guten Texte, seien es Gedichte, Erzählungen, Romane, Reportagen oder Gesetze, Schriftsätze, Briefe oder Verträge. Was der Leser nicht versteht, ist für den Papierkorb geschrieben oder führt zu Problemen.

Wenn Ihre Texte nicht zu verstehen sind, haben Sie wertvolle Zeit vertan. Klare, kurze Texte sparen nicht nur Zeit beim Verfassen, sondern auch die Zeit, Missverständnisse aufzuklären, die durch komplizierte Texte entstanden sind. Und wenn das Missverständnis nicht mehr aufzuklären ist, kostet es unter Umständen sogar den Prozess. Und das alles kostet viel Geld.

Verständlich heißt: kurz, klar und konkret. So zu formulieren ist keine Hexerei. Wenn Sie die Grundregeln beachten und sie nach und nach verinnerlichen, werden Ihre Briefe und Schriftsätze kürzer und klarer. Es wird wohl etwas dauern, bis Sie die Regeln ganz selbstverständlich beachten, aber Sie werden von Text zu Text Fortschritte bemerken. Der Prozess wird damit beginnen, dass Ihnen Nominalstil und Schachtelsätze immer abscheulicher vorkommen werden.

Das sind die Regeln:

- das Wichtigste nach vorn
- Überflüssiges weglassen
- Vorsicht bei Adjektiven
- Hauptsachen in Hauptsätze, Nebensachen in Nebensätze
- kurze Hauptsätze, wenige Nebensätze, keine Schachtelsätze
- kein Nominalstil, sondern kräftige Verben
- viel Aktiv, wenig Passiv
- konkret, nicht abstrakt erzählen
- positive Begriffe, keine Verneinungen
- wenige Fremdwörter und Fachbegriffe

1. Das Wichtigste nach vorn

Im Studium haben Juristen gelernt, im Gutachtenstil zu schreiben. Das heißt, zunächst all das zu prüfen und zu schreiben, was nicht in Betracht kommt. Der Gutachtenstil schiebt das Wichtigste ans Ende. Das entspricht nicht der natürlichen Erzählweise und ist nervend für den Zuhörer oder Leser. Normalerweise erzählen Menschen zuerst das Wichtigste. Journalisten nennen das auch Nachrichtenstil.

Wäre zum Beispiel der Präsident zurückgetreten, so würden Sie das etwa so sagen:

Stell Dir vor: Gestern ist der Präsident zurückgetreten.

Erst danach würden Sie die Umstände des Rücktritts erzählen.

Sie würden aber wohl kaum so berichten:

Gestern läuteten in Berlin wie gewohnt die Glocken des Doms zur Mittagsstunde, der Brunnen am Platz vor dem Neuen Museum spritzte wie immer das Wasser in die Höhe und es war bewölkt, als der Präsident zurücktrat.

Der Leser oder Zuhörer steigt aus, bevor Sie zum Wichtigen kommen, weil Sie ihn langweilen. Das Wichtigste zuerst zu erzählen, entspringt außerdem dem Urbedürfnis des Menschen, vor Gefahren zu warnen; und das erlaubt es nicht, zuerst Belangloses zu verbreiten.

Stern-Gründer Henri Nannen hat den Begriff **„Küchenzuruf"** geprägt. Damit lässt sich sehr schön ins Bild setzen, was die Regel „das Wichtigste zuerst" bedeutet. Nannen hatte noch das alte Rollenverständnis im Kopf und definierte den „Küchenzuruf" so: Der Mann kommt abends von der Arbeit nach Hause, die Frau steht in der Küche und kocht. Er zieht die Schuhe aus und ruft vom Flur in die Küche:

Stell Dir vor, was heute passiert ist: …

Was dann, nach dem Doppelpunkt, folgt, ist der „Küchenzuruf". Es ist das, was für den Mann so wichtig ist, dass er nicht warten kann, bis er die Hausschuhe angezogen hat oder gar am Tisch sitzt. Und dieses Wichtigste ruft er als erstes seiner Frau in der Küche zu. Natürlich leitet er den Satz erst mit einem „Aufmerksamkeitswecker" ein, damit die Frau hinhört *(Stell Dir vor, was heute passiert ist.)*. Diesen Wecker braucht man aber in juristischen Texten meist nicht.

Denken Sie bei all Ihren Texten an den „Küchenzuruf". Sie beachten damit automatisch auch die meisten der anderen Regeln für klares Deutsch.

Übung: Stellen Sie das Wichtigste nach vorn.

1. *Ich habe mir keinen Opel gekauft, auch keinen Ford. Ein VW hat mir auch nicht gefallen. Einen Japaner lehne ich aus volkswirtschaftlichen Gründen ab, und amerikanische Autos mag ich nicht. Was ich mir schließlich gekauft habe, ich muss es jetzt sagen, es war ein Mercedes.*
2. *Gestern war der Prozess gegen Klaus Schmitt. Die Staatsanwaltschaft hatte ihn angeklagt, seine Frau ermordet zu haben. Sein Verteidiger hat Freispruch gefordert, der Staatsanwalt lebenslange Haft. Der Verteidiger hat vorgebracht, man habe Schmitt nicht nachgewiesen, dass er der Täter gewesen sei, es gebe nur ein Reihe schwacher Indizien. Der Staatsanwalt hingegen sah Schmitt als des Mordes überführt an. Das Gericht beriet fast zwei Stunden. Dann verkündete es das Urteil: Es sah die Indizien als nicht ausreichend an und sprach Schmitt frei.*
3. *Mein Mandant hat mich gestern aufgesucht und ein längeres Gespräch mit mir geführt. Dabei kam zur Sprache, dass er sich überlegt hat, sich bei Ihnen zu entschuldigen. Das möchte er gern am Mittwoch um 13 Uhr in meiner Kanzlei persönlich tun.*
4. *Stell Dir vor, was passiert ist: Bei uns ist heute Nacht ein Dieb durch das Fenster eingestiegen, hat sich durch den Flur geschlichen, ist ins Schlafzimmer gegangen. Mein Mann wurde wach und fragte, was los sei. Da hat der Dieb ihn erschlagen.*
5. *Der Richter ist krank. Der Prozess, der am 17. Oktober stattfinden sollte, ist deshalb verschoben worden. Der neue Termin findet nunmehr am 31. Oktober statt.*
6. *In vorbezeichneter Angelegenheit möchten wir Ihnen hiermit mitteilen, dass wir aus den bereits mündlich besprochenen Gründen nicht länger bereit sind, für Sie tätig zu sein. Daher sehen wir uns zu unserem Bedauern gezwungen, das Mandat niederzulegen.*
7. *Mein Mandant ist Opfer einer Straftat geworden. Er ging gestern gegen 17 Uhr von zu Hause in Richtung Karstadt. Auf dem Weg wurde ihm von*

einem großen, kräftigen, blonden Mann mittleren Alters die Brieftasche geraubt.

Lösungen:

1. *Ich habe mir einen Mercedes gekauft. Andere Marken kamen nicht in Frage.*
2. *Klaus Schmitt ist freigesprochen worden. Die Staatsanwaltschaft hatte ihm vorgeworfen, seine Frau ermordet zu haben, und lebenslänglich gefordert. Der Verteidiger hatte auf Freispruch plädiert, weil es nur wenige schwache Indizien gebe. Das Gericht beriet fast zwei Stunden und folgte schließlich den Argumenten des Verteidigers.*
3. *Mein Mandant möchte sich gern persönlich bei Ihnen entschuldigen; wenn es Ihnen passt, am Mittwoch um 13 Uhr in meiner Kanzlei. Er hat sich das nach einem langen Gespräch mit mir überlegt.*
4. *Mein Mann ist von einem Dieb erschlagen worden. Der Dieb war heute Nacht in unser Schlafzimmer geschlichen. Mein Mann wurde wach, da hat der Dieb zugeschlagen.*
5. *Der Prozess am 17. Oktober fällt aus; der neue Termin ist für den 31. Oktober festgesetzt. Der Richter ist krank geworden.*
6. *Wir legen das Mandat nieder. Aus den Gründen, die wir bereits mehrfach mit Ihnen erörtert haben, wollen wir nicht länger für Sie tätig sein.*
7. *Meinem Mandanten ist gestern gegen 17 Uhr die Brieftasche geraubt worden. Der Täter war ein großer, blonder Mann mittleren Alters. Mein Mandant war gerade auf dem Weg von seiner Wohnung zu Karstadt.*

2. Überflüssiges weglassen

Sie haben es bei der Übung oben wohl bemerkt: Wenn Sie den Inhalt der Sätze nach seiner Bedeutung ordnen, werden manche Teile überflüssig, weil Sie darin nur Belangloses mitteilen. Sie können in der Übung oben – nachdem Sie das Wichtigste nach vorn gestellt haben – fast überall die hinteren Sätze weglassen, ohne dass etwas Wichtiges fehlt.

Überflüssiges kann aber nicht nur in Satzteilen stecken, sondern bereits in einzelnen Wörtern oder gar Wortteilen. Denken Sie daran:

Jede Silbe, die Sie weglassen, spart Zeit – für Sie als Verfasser und für den Leser. Sich mit dem Wesentlichen zu begnügen, hat zudem mehr Aussagekraft. Denken Sie an die alte Regel „Fasse Dich kurz!"

Was ist hier überflüssig?

- *Bauchnabel*
- *Er nickt mit dem Kopf*
- *Zeitungskiosk*
- *Zukunftspläne*
- *Zukunftsperspektive*
- *zugelassener Rechtsanwalt*
- *der erfolgte Beschluss*

Es genügt:

- *Nabel* (wo ist er sonst?)
- *Er nickt* (womit sonst?)
- *Kiosk* (dort gibt es immer Zeitungen)
- *Pläne* (sind immer auf die Zukunft gerichtet)
- *Perspektive* (ist auch immer auf die Zukunft gerichtet)
- *Rechtsanwalt* (es gibt keinen ohne Zulassung; hier genügt sogar Anwalt)
- *Beschluss* (erfolgt wird er wohl sein, sonst wäre er nicht Thema)

Übung: Entfernen Sie das Überflüssige.

1. *Die Klage war in der Sache unbegründet.*
2. *Die im Theaterraum befindlichen Zuschauer waren entsetzt.*
3. *Der Angeklagte sagte zu dem Tatvorwurf aus.*
4. *Der Ladeninhaber bemerkte den angewandten Trick.*
5. *Der Täter bekam eine Freiheitsstrafe von fünf Jahren Gefängnis.*
6. *Der Verteidiger hielt ein Plädoyer für den Angeklagten.*
7. *Das Gericht verkündete das gefasste Urteil.*

Lösungen:

1. *Die Klage war unbegründet.*
2. *Die Zuschauer im Theater waren entsetzt.*
3. *Der Angeklagte sagte aus.*
4. *Der Ladeninhaber bemerkte den Trick.*
5. *Der Täter bekam eine Strafe von fünf Jahren.*
6. *Der Verteidiger hielt ein Plädoyer.*
7. *Das Gericht verkündete das Urteil.*

Sie haben bemerkt: Oft steckt in Sätzen Überflüssiges, das Sie auf den ersten Blick nicht bemerken. Dafür müssen Sie Ihr Auge schulen.

Eine besondere Form von Überflüssigem sind gestelzte, schwülstige und umständliche Formulierungen. Benutzen Sie, wenn möglich, stets die kürzestes Formulierung für das, was Sie sagen wollen. Im folgenden „Blählexikon“ finden Sie einige Beispiele als Anregungen für kurze Formulierungen.

Beispiele für Schwulst – kleines Blählexikon

in Abrede stellen	*leugnen, bestreiten*
auf den Weg bringen	*beginnen, anfangen*
zum Verzehr bringen	*essen, verzehren*
eine Untersuchung durchführen	*untersuchen, testen*
eine Abholung veranlassen	*abholen lassen*
die mit der Arbeit verbundene Zeit	*Arbeitszeit*
eine Vielzahl von	*viele*
in vollem Umfang	*ganz*
in ihrer Gesamtheit	*alle*
im Zusammenhang mit	*beim*
aus welchem Grund	*warum*
aus diesem Grunde	*darum*

in Anbetracht des	*wegen*
er hat die Berechtigung	*er darf*
ich bin in der Lage	*ich kann*
ich habe die Möglichkeit	*ich kann*
die Vertretung übernehmen	*vertreten*
mit großer Spontaneität	*spontan*
mit hoher Sorgfalt	*sorgfältig*
zum Wegfall bringen	*streichen*
erfährt eine Verstärkung durch	*wird verstärkt von*
zur Anwendung bringen	*anwenden*
ich bin der Überzeugung	*ich bin überzeugt*
in nächster Zeit	*bald*
geringfügig	*klein/wenig*
notwendigerweise	*zwingend*
am heutigen Tag	*heute*
zu einem späteren Zeitpunkt	*später*
Temperatur von 24 Grad	*24 Grad*
der Platz vor dem Rathaus	*Rathausplatz*

Beispiele für Silbenmüll in Verben

Oft werden gestelzte „Langversionen" von Verben benutzt, obwohl die einfache Version häufig ausreicht. Auch das bringt überflüssige Silben. Zur Klarstellung: Natürlich gibt es auch Fälle, in denen Sie die Verben aus der linken Spalte brauchen.

gestelzt:	**meist genügt:**
behelfen	*helfen*
losfahren	*fahren*
weggehen	*gehen*
bestrafen	*strafen*

herüberbringen	*bringen*
herkommen	*kommen*
besagen	*sagen*
nachzählen	*zählen*
annehmen	*nehmen*
übergeben	*geben*
nachprüfen	*prüfen*
zusammentreffen	*treffen*
verschicken, zuschicken	*schicken*
zusammenpacken	*packen*
beschwören	*schwören*
vorzeigen, herzeigen	*zeigen*
vorausplanen	*planen*

Floskeln mit Dubletten

Oft sind Texte mit Floskeln überfrachtet. Das ist schon schlimm genug. Aber viele Floskeln sind zudem Doppelungen, also aus zweifacher Sicht überflüssig. Wenn Sie aus Ihren Texten nur die Floskeln verbannen, werden Ihre Texte deutlich kürzer. Denn die Summe der Floskeln braucht viel Platz.

Mögliches Risiko, mögliche Chancen, mögliche Gefahren	*Risiko, Chance, Gefahr* (die Möglichkeit ist in den Wörtern enthalten)
Das ist sehr wahrscheinlich möglich	*Das ist sehr wahrscheinlich*
Wie zum Beispiel ... usw.	*Zum Beispiel* oder *wie* (usw. ist bei beispielhaften Aufzählungen obsolet)

Maximal bis zum Höchstbetrag von/bis zum Höchstbetrag von nicht mehr als	*Maximal bis/bis zum Höchstbetrag von*
Er ist in der Lage, das ... zu können	*Er kann, er ist in der Lage*
Klar auf der Hand	*Klar oder es liegt auf der Hand*
Noch weitere Fragen	*Noch Fragen/weitere Fragen*
Prosperierender/zunehmender Wachstumsmarkt	*Wachstumsmarkt*
Permanente Dauerbelastung	*Dauerbelastung*
Ausgedrückte Formulierung	*Formulierung*
Geballte Faust	*Faust*
Größter anzunehmender GAU	*GAU/größter anzunehmender Unfall*
Kleine Nuancen	*Nuancen*
Wichtige Eckpfeiler	*Eckpfeiler*
Bisher noch nie da gewesene	*Nie da gewesene*
Er tritt mit dem Fuß	*Er tritt*
Sie blinzelt mit den Lidern	*Sie blinzelt*
Leere Worthülse	*Worthülse*
Normaler Standard	*Standard*
Wie ursprünglich geplant	*Wie geplant*
Jede sich bietende Gelegenheit	*Jede Gelegenheit*
Aktueller Status Quo	*Status Quo*

3. Vorsicht mit Adjektiven

Im vorangehenden Abschnitt ist Ihnen wohl aufgefallen: Oft sind es Adjektive, die überflüssig sind. Daher sollen Adjektive hier besonders betrachtet werden. Denn sie sind oft nicht nur überflüssig, sondern können den Leser auch verwirren.

Adjektive sind Zugaben zum Substantiv, die durch ein treffendes, kräftiges Substantiv ersetzt werden können:

Ein *anwaltlicher Berater* ist ein *Anwalt,* eine *männliche Person* ist ein *Mann,* ein *gerichtliches Verfahren* ist ein *Gerichtsverfahren,* ein *warnender Hinweis* ist eine *Warnung,* ein *literarisches Schriftwerk* ist ein *Buch, seelischer Beistand* ist *Trost* oder *Seelsorge, positive Entwicklungen* sind *Verbesserungen* oder *Steigerungen,* eine *weibliche Begleitung* ist eine *Begleiterin.*

Oder

einem Substantiv die Wirkung nehmen, weil das Adjektiv schon darin enthalten ist (meist Pleonasmus):

Verheerende Verwüstungen, ein heftiger Orkan, ein großer Riese, ein hoher Wolkenkratzer, kleinwüchsige Zwergkaninchen, dunkle Nacht, letztinstanzliche BGH-Rechtsprechung.

Oder

Verwirrung stiften können, weil ein nicht in das Thema eingeweihter Leser eine gut gemeinte Verstärkung oder Erklärung als Unterscheidung verstehen kann:

der rote Schönfelder (Der ist immer rot. Wer das aber nicht weiß, kann glauben, es gäbe auch einen blauen oder grünen.),

sein jüngerer Bruder (Das kann den Eindruck erwecken, er habe auch einen älteren.),

mein Berliner Büro, das Karlsruher Bundesverfassungsgericht (Gibt es noch eines?).

Die gut gemeinte Erklärung steht also besser in einem eigenen Satz; jedenfalls nicht im Adjektiv:

Der Schönfelder. Das ist das rote Buch dort.

Sein Bruder. Er ist jünger als er. (Er kann zwar auch einen älteren Bruder haben, aber der Gedanke wird so nicht erzeugt.)

Er hat sein Büro in Berlin. Das Bundesverfassungsgericht ist in Karlsruhe.

Wenn Sie Adjektive benutzen, bitte nur um zu unterscheiden, zu werten, zu charakterisieren oder zu bekräftigen:

Es war der große Mann (nicht der kleine).

Das blaue Auto fährt vorn (nicht das grüne).

Das ist eine gute Entscheidung.

Er hat nur ein paar magere Fälle als Anwalt.

Er beauftragte seinen Frankfurter Anwalt (nicht den Berliner).

Sie ist eine charmante Frau.

Eine besonders dunkle Nacht.

Resümee: Adjektive nur gezielt und mit Bedacht einsetzen.

Übung: Entfernen oder ersetzen Sie überflüssige Adjektive.

1. *Der mit mir verheiratete Mann.*
2. *Meine mir schon aus der Schule bekannte Freundin.*
3. *Der Vorsitzende Richter ließ den angeklagten Mann hereinführen.*
4. *Das junge, siebenjährige Mädchen trat den sehr alten Mann.*
5. *Der hinter ihm laufende Spieler schlug den Mittelstürmer mit der geballten Hand in den Nacken.*
6. *Die höchstrichterliche Rechtsprechung des Bundesverfassungsgerichts enthält oft gut ausgedrückte Formulierungen.*
7. *Die eingetroffene Polizei nahm den verdächtigen Mann fest.*

Lösungen:

1. *Mein Mann.* Oder, wenn nötig: *Mein Ehemann.*
2. *Meine Schulfreundin.*
3. *Der Vorsitzende ließ den Angeklagten hereinführen.*
4. *Die Siebenjährige trat den Greis.*
5. *Sein Hintermann schlug den Mittelstürmer mit der Faust in den Nacken.*
6. *Die Rechtsprechung des Bundesverfassungsgerichts enthält oft gute Formulierungen.*
7. *Die Polizei nahm den Verdächtigen fest.*

4. Hauptsachen in Hauptsätze, Nebensachen in Nebensätze

Vielfach stiften Juristen in Gesetzen, Urteilen und Schriftsätzen Verwirrung, weil sie in ihren Sätzen die Inhalte nicht nach Bedeutung, nicht nach Wertigkeit in die grammatische Struktur einordnen. Sie gehen eher nach dem Motto vor: *Egal, wo etwas steht, wichtig ist nur, dass es drin ist.* Das ist ein großer Irrtum. Inhalte müssen nicht nur im Text („Wichtiges vorn"), sondern auch in den einzelnen Sätzen nach ihrer Bedeutung geordnet werden: Hauptsachen müssen in Hauptsätzen, Nebensachen in Nebensätzen stehen. Der Leser orientiert sich unbewusst oder automatisch an dieser vorgegebenen, grammatischen Abstufung. Kennt er die Inhalte nicht, geht er davon aus, dass im Hauptsatz Wichtiges und im Nebensatz weniger Wichtiges steht. Das kann zu erheblichen Missverständnissen und Fehlinterpretationen führen. Verstecken Sie also Hauptsachen nicht in Nebensätzen. Sie verschleiern damit die Bedeutung.

Schreiben Sie nicht:

Der Mann setzte seine Frau ins Auto, nachdem er sie erstochen hatte.

Sondern:

Der Mann erstach seine Frau und setzte sie anschließend ins Auto.

Wenn Sie mitteilen wollen, dass der Mann seine Frau erstochen hat, ist das die Hauptsache, und die gehört in den Hauptsatz.

Wie falsche Wertigkeiten zu Missverständnissen führen können, zeigt ein Satz aus einer Entscheidung des Bundesverfassungsgerichts:

... Der Kläger hat eine Stellungnahme zur Verfassungsbeschwerde abgegeben, die er nicht für begründet hält ... (aus: BVerfG – 1 BvR 199/00).

Natürlich hält der Kläger die Verfassungsbeschwerde für nicht begründet, nicht aber seine eigene Stellungnahme. Der Leser versteht das aber erst, wenn er zweimal nachgedacht hat – auch wenn der Satz grammatisch korrekt sein mag. Richtig geordnet muss es heißen:

Der Kläger hielt die Verfassungsbeschwerde nicht für begründet, wie er in seiner Stellungnahme ausgeführt hat.

Oder: *Der Kläger hat eine Stellungsnahme abgegeben: Er hält die Verfassungsbeschwerde nicht für begründet.*

Übung: Packen Sie die Hauptsache in den Hauptsatz.

1. *Der Richter, der im Saal erschossen wurde, hatte kurz zuvor ein Glas Wasser getrunken.*
2. *Es regnete in Strömen, als Müller auf der Parkbank starb.*
3. *Es ist eine historische Tatsache, dass Scheel Bundespräsident war.*
4. *Als die Bombe explodierte, kam Peter zur Tür herein.*
5. *Gregor findet es schlimm, dass Anne geheiratet hat.*
6. *Der Kläger betrat den Saal, nachdem gerade das Versäumnisurteil ergangen war.*
7. *Der Beklagte konnte die Mängel nicht begründen, so dass er den Prozess verlor.*

Lösungen:

1. *Der Richter wurde im Saal erschossen. Er hatte gerade ein Glas Wasser getrunken.*
2. *Müller starb auf der Parkbank, als es in Strömen regnete.*
3. *Scheel war Bundespräsident.*
4. *Die Bombe explodierte, als Peter zur Tür hereinkam.*
5. *Anne hat geheiratet. Das findet Gregor schlimm.*
6. *Das Versäumnisurteil war gerade ergangen, als der Kläger den Saal betrat.*
7. *Der Beklagte verlor den Prozess, weil er die Mängel nicht begründen konnte.*

Exkurs: Vorsicht beim Relativsatz

Eine erhebliche Gefahr für Missverständnisse steckt in Relativsätzen, vor allem bei Fachtexten. Der Autor eines Relativsatzes baut, ohne es auch nur zu ahnen, ein Falle für den Leser auf. Das Hauptproblem ist dabei die fehlende logische Verknüpfung zwischen Hauptsatz und Relativsatz. Der Relativsatz lässt Raum für Interpretationen. Der

Relativsatz wird oft ziellos eingesetzt, wo eine treffende Konjunktion hingehört. Bei einem Relativsatz ist daher immer Vorsicht angebracht; er hat keine zwingend logische Verbindung zum Hauptsatz. Daher kann ein Relativsatz verwirrend für den Leser sein.

Schreiben Sie nicht:

Der Mann, der seine Frau geschlagen hatte, wurde gestern festgenommen,

wenn Sie sagen wollen:

Weil *er seine Frau geschlagen hatte, wurde der Mann gestern festgenommen.*

Schreiben Sie nicht:

Der Mann, der aus dem Fenster geklettert war, wurde gestern festgenommen,

wenn Sie sagen wollen:

Der Mann wurde festgenommen, **nachdem** *er aus dem Fenster geklettert war.*

Vielleicht wollen Sie ja auch sagen:

Der Mann wurde festgenommen, obwohl er aus dem Fenster geklettert war. Oder: *weil er aus dem Fenster geklettert war.*

In dem Relativsatz ist das aber nicht zu erkennen. Was Sie sagen wollten, wissen zwar Sie, aber der Leser kann es nur raten.

Wenn es eine treffende Konjunktion gibt (z. B. weil, obwohl, wenn), sollten Sie die treffende Konjunktion auch benutzen, nicht den schwammigen Relativsatz.

Auch wenn der Relativsatz richtig als Erklärung eingesetzt ist, birgt er eine Gefahr in sich: Man kann nicht immer erkennen, ob er bestimmend oder erklärend ist.

Richter, die sehr weise sind, entscheiden immer richtig.

Wären alle Richter sehr weise, so wäre der Relativsatz eine bloße Erklärung. Da aber nicht alle Richter sehr weise sind, ist der Relativsatz hier bestimmend; denn ohne ihn könnte der Leser zwar ahnen, dass nur die Gruppe der weisen Richter gemeint sein soll, aber das wäre nicht zwingend. Um zu unterscheiden, würde allerdings genügen:

Weise Richter entscheiden immer richtig.

Bestimmende Relativsätze können also meist durch eine kurze Ergänzung des Substantivs ersetzt werden.

Wäre der Relativsatz oben nur erklärend gemeint, so müssten Sie formulieren:

Richter entscheiden immer richtig; denn sie sind sehr weise.

So gibt es keinen Zweifel oder Irrtum über den Inhalt des Satzes.

Der Relativsatz wird oft auch fälschlich statt eines neuen Hauptsatzes eingesetzt:

Er erkannte den Täter, den er festnahm.

Richtig muss es heißen:

Er erkannte den Täter und nahm ihn fest.

Fazit: Setzen Sie Relativsätze nur mit Bedacht ein und wenn, dann gezielt, um ein Substantiv zu bestimmen:

Ich habe das Geld gefunden, das er verloren hatte.

Übung:

1. *Die Stühle, die immer in der Küche stehen, stelle ich vorübergehend in den Flur.*
2. *Ein Kollege, der mit mir befreundet ist, vertritt den Gegner.*
3. *Der Zuschauer, der den Richter mit Zwischenrufen störte, bekam ein Ordnungsgeld.*
4. *Ein Richter, der studiert hat, kann manche Probleme einfacher Leute nicht verstehen.*
5. *Ein Rechtsanwalt, der Zwangsmitglied in der Rechtsanwaltskammer ist, kann bei unkollegialem Verhalten eine Rüge von der Kammer bekommen.*
6. *Ein Zivilgerichtsverfahren, das sehr lange dauert, kann den Kläger zur Verzweiflung bringen.*

7. *Juristen, die ohne zu überlegen Sätze formulieren, verwirren ihre Leser oder Zuhörer.*

Lösungen:

1. *Ich stelle die Küchenstühle vorübergehend in den Flur.*
2. *Ein befreundeter Kollege vertritt den Gegner.*
3. *Der Zuschauer musste ein Ordnungsgeld zahlen, weil er den Richter mit Zwischenrufen gestört hatte.*

   Hier war eine kleine Falle eingebaut: Selbstverständlich **bekommt** der Zuschauer kein Ordnungsgeld, aber so wird es oft gesagt.
4. *Ein Richter kann manche Probleme einfacher Leute nicht verstehen, weil er studiert hat.*
5. *Ein Rechtsanwalt kann bei unkollegialem Verhalten eine Rüge von der Rechtsanwaltskammer bekommen. Jeder Anwalt ist Zwangsmitglied der Kammer.*
6. *Ein Zivilgerichtsverfahren kann den Kläger zur Verzweiflung bringen, wenn es sehr lange dauert.*
7. *Juristen verwirren ihre Leser oder Zuhörer, wenn sie ohne Bedacht Sätze formulieren.* Oder (?): *Juristen verwirren ihre Leser oder Zuhörer, weil sie ohne Bedacht Sätze formulieren.*

5. Kurze Hauptsätze, wenige Nebensätze, keine Schachtelsätze

Kurze Sätze zu schreiben bedeutet nicht, Hackstil oder Stakkato zu produzieren. Sätze sollten nur eine gewisse Länge nicht überschreiten, damit sie übersichtlich und verständlich bleiben und der Leser oder Zuhörer nicht in „Atemnot" gerät. Eine alte Faustregel lautet: Nicht mehr als 15 Wörter pro Satz. Daran müssen Sie sich nicht akribisch halten. Es ist eine Faustregel. Wichtig ist die Verständlichkeit. Sie sollten jedoch die Größenordnung wahren. Bei mehr als 20 Wörtern ist es sicherlich angemessen, über einen Punkt nachzudenken und lieber einen neuen Satz zu beginnen. Sätze dürfen selbstverständlich auch Nebensätze haben, auch mehrere. Schwer zu erfassen, verworren und schwer verständlich sind vor allem Schachtelsätze, also Sätze mit eingeschobenen Nebensätzen.

Aus einer Stellungnahme des Deutschen Anwaltvereins in der Zeitschrift „recht intern“:

… Erlauben Sie mir aber den Hinweis, dass der Präsident des DAV, Dr. Michael Streck, immer die internationale Ausbildung im Zusammenhang auf Hinweise, was die künftigen jungen Kolleginnen und Kollegen bei ihrem Studium tun können, damit sich deren Chancen später am Markt verbessern, empfiehlt …

Haben Sie das verstanden? Sicher nicht beim ersten und wohl kaum beim zweiten Lesen. Schachtelsätze können Inhalte bis zur Unkenntlichkeit verwursteln.

Hier hat der Verfasser zwischen Substantiv und Verb 24 Wörter geschoben, davon zwölf in einem Relativsatz und acht in einem weiteren Nebensatz. Wer Sätze verschachtelt, verschachtelt die Gedanken des Lesers.

Warum nicht so, wie Sie es auch zu Hause erzählen würden:

Der Präsident des DAV, Dr. Michael Streck, empfiehlt die internationale Ausbildung, wenn er gefragt wird, was Jurastudentinnen und -studenten tun können, um ihre Berufs-Chancen zu verbessern.

Die Floskel *Erlauben Sie mir den Hinweis, dass …* ist überflüssig und macht aus dem eigentlichen, folgenden Hauptsatz einen Dass-Satz, also einen Nebensatz – und setzt damit eine Ursache für die Schachtelei.

Vermeiden Sie Konstruktionen mit *dass*. Denken Sie an die Regel „Hauptsachen in Hauptsätze, Nebensachen in Nebensätze“. Die Bitte, den Hinweis zu erlauben, ist hier nicht die Hauptsache.

Außerdem hat der Autor hier viel gebläht: *Jurastudentinnen und -studenten* hat er aufgebauscht *zu junge Kolleginnen und Kollegen bei ihrem Studium.*

Meist können Sie einen Satz ganz einfach entschachteln, indem Sie das weit entfernte Verb nach vorn vor das Komma ziehen. In dem Beispielsatz hätte es also schon viel geholfen, *empfiehlt* weiter vorn einzubauen:

… Erlauben Sie mir aber den Hinweis, dass der Präsident des DAV, Dr. Michael Streck, immer die internationale Ausbildung ***empfiehlt***

im Zusammenhang auf Hinweise, was die künftigen jungen Kolleginnen und Kollegen bei ihrem Studium tun können, damit sich deren Chancen später am Markt verbessern …

Damit allein wäre der Satz schon erheblich klarer.

Das größte Problem bei Schachtelsätzen ist, dass Subjekt und Prädikat weit auseinander gezogen sind. Der Leser erfasst den Satzkern und damit die Aussage des Satzes erst, nachdem er mehrere Einschübe überwunden hat. Um für das Problem des Schachtelsatzes noch sensibler zu werden, sollten Sie sich in die Lage eines Simultan-Dolmetschers hineindenken. Er kann mit der Übersetzung erst beginnen, wenn er den ganzen Satz gehört hat. Hoffentlich hat er dann die Einschübe nicht wieder vergessen.

Zwingen Sie Ihre Leser nicht dazu, Ihre Texte zwei- oder dreimal zu lesen, um sie zu verstehen. Das raubt ihnen die Zeit. Meist können Sie einen Satz ganz einfach entschachteln, indem Sie das weit entfernte Verb nach vorn vor das Komma ziehen. Ein weiteres Beispiel:

In Deutschland ist die Todesstrafe, auch wenn sie gerade bei Kindesentführung, Kindesmissbrauch und Kindesmord vielen Menschen angemessen erscheint und die verständlichen Rachegefühle der Eltern befriedigt, aus guten Gründen abgeschafft.

Klarer ist:

In Deutschland ist die Todesstrafe aus guten Gründen abgeschafft, auch wenn sie gerade bei Kindesentführung, Kindesmissbrauch und Kindesmord vielen Menschen angemessen erscheint und die verständlichen Rachegefühle der Eltern befriedigt.

Noch deutlicher wird das Problem des Schachtelsatzes an einem Beispiel aus den Mitteilungen der Rechtsanwaltskammer Koblenz:

Im Hinblick auf die auch für alle zu einem Amts- und Landgericht im Oberlandesgerichtsbezirk Koblenz zugelassenen Kollegen zum 1. 7. 2002 bestehende Möglichkeit, sich unter Beibehaltung der bisherigen Niederlassung gleichzeitig weiter zum Oberlandesgericht Koblenz zulassen zu können, ist der Vorstand unserer Kammer der Auffassung, dass mit dem 1. 1. 2002 für die bisher singular am Oberlandesgericht zugelassenen Kollegen die Möglichkeit bestehen muss, ihre weitere Zulassung zu einem Amts- und Landgericht nicht nur für Koblenz, sondern auch zu den weiteren Amts- und Landgerichten unseres Bezirks beantragen können.

Und wer so kompliziert schreibt, denkt auch kompliziert, und wer kompliziert denkt, macht Fehler. Darum ist ein solcher Schachtelsatz höchst **fehlerträchtig**. Oft verfängt der Autor sich in seinem Schachtelsatz, weiß nach mehreren Einschüben nicht mehr, was er sagen wollte und wie er den Satz richtig beenden soll. Auch bei dem Beispiel oben ist es passiert: Vor dem letzten Wort *(können)* fehlt das *zu*. Aber noch schlimmer: Der Inhalt ist vermutlich falsch, jedenfalls aber äußerst fragwürdig: Die Kammer wird wohl nicht der Meinung sein, dass sich die Anwälte bei allen weiteren Amts- und Landgerichten zulassen können, sondern wohl nur bei **einem** der weiteren Gerichte.

Die Form des Schachtelsatzes **vernebelt den Inhalt**. Wer den Schachtelsatz lesen muss, ist so beschäftigt, ihn überhaupt formal, grammatisch zu verstehen, dass er den Blick verliert für den Inhalt. Glauben Sie also nicht, Schachtelsätze sprächen für besondere Sprachgewandtheit. Aber selbst wenn es so wäre: Was nutzt die akrobatischste Wortgewandtheit, wenn sie keiner versteht? Warum nicht so, wie Sie es vermutlich zu Hause oder im Büro erzählen würden? Denken Sie an den „Küchenzuruf“:

Die Kammer vertritt folgende Meinung zu den neuen Zulassungsmöglichkeiten ab 1. Januar 2002: Kollegen, die bisher singular am Oberlandesgericht Koblenz zugelassen sind, dürfen ihre Zulassung an allen Amts- und Landgerichten unseres Bezirks beantragen und nicht nur in Koblenz. Zu dieser Auffassung ist die Kammer aus dem Umkehrschluss heraus gelangt, dass sich alle Kollegen, die an einem Amts- und Landgericht im Bezirk zugelassen sind, künftig auch am Oberlandesgericht zulassen können.

Nachdem der Inhalt klar wird, kann er überhaupt erst bedacht werden. Nun taucht die Frage auf, ob die Kammer das wirklich so meint.

Nach dem so genannten **Gesetz der drei Sekunden** kann ein Leser einen Gedanken höchstens drei Sekunden behalten, dann springt er um. Das heißt: Ein eingeschobener Satz darf höchstens drei Sekunden lang sein, sonst vergisst der Leser den Satz, in den der andere eingeschoben wurde. Drei Lesekunden sind etwa zwölf Silben oder drei bis vier Wörter. Zwingen Sie Ihre Leser nicht dazu, Ihre Texte zwei- oder dreimal zu lesen, um sie zu verstehen. Das raubt ihnen die Zeit.

Das „Gesetz der drei Sekunden“ wurde ursprünglich hergeleitet aus der Zeit, die es dauert, bis ein so genanntes Springbild für den Betrachter umspringt.

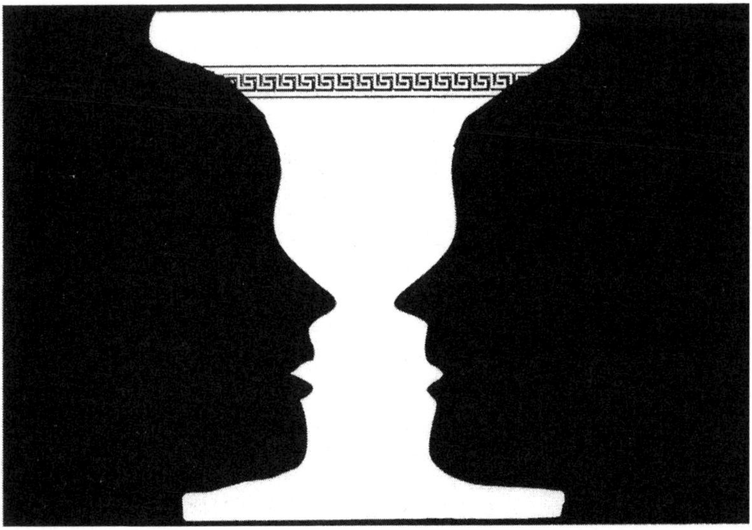

Wer zuerst die Vase sieht, sieht nach etwa drei Sekunden die beiden Gesichter, und umgekehrt. Der erste Gedanke kann nur drei Sekunden gehalten werden.

Oft entsteht wegen eines Einschubes auch ein falscher Zwischensinn, der den Leser verwirrt:

Der Richter versagte, nachdem er das Urteil gegen den Angeklagten gefällt hatte, dem Verteidiger, von dem er sich nicht verabschiedete, den Respekt.

Besser wäre:

Der Richter versagte dem Verteidiger den Respekt: Nachdem er das Urteil gefällt hatte, verabschiedete er sich nicht von ihm.

Fazit: Erst denken, dann schreiben oder diktieren.

Übung:

Hier sollten Sie nicht nur entschachteln, sondern auch gleich Sprachschwulst und Blähdeutsch entfernen.

1. *Die Häuser, die sich auf dem Weg, der vor dem Platz, der vor dem Rathaus liegt, abgeht, befinden, werden renoviert.*
2. *Der Igel setzte sich der Schlange gegenüber, der er eine Reihe von Bissen beibrachte, schnell zur Wehr und fraß das getötete Tier dann auf.*
3. *Der Polizist, der an der Ecke, die abends den stärksten Verkehr aufweist, Dienst tat, ergriff, als er den Unfall, der ihm zunächst, weil er einen geparkten Wagen notierte, entgangen war, bemerkte, sofort alle nötigen Maßnahmen.*
4. *Noch nach 1945 versagte die Kirche, die Ausgebombten, Vertriebenen und auch Entnazifizierten half, den überlebenden Juden die Zuwendung.*
5. *Er war, als seine Eltern, die telefonisch herbeigerufen worden waren, eintrafen, schon tot.*
6. *Vor allem kommt es darauf an, dass sich sprachliche Wendigkeit mit dem Willen, wirklich verstanden zu werden, verknüpft.*
7. *Der Trend zur asynchronen Kommunikation, bei der Adressat und Empfänger nicht zeitgleich verbunden sein müssen, wächst.*

Lösungen:

1. *Die Häuser am Weg zum Rathausplatz werden renoviert.*
2. *Der Igel biss die Schlange tot und fraß sie auf.*
3. *Der Polizist bemerkte an der abends meistbefahrenen Ecke einen Unfall nicht, weil er einen Falschparker notierte. Dann aber ergriff er alle Maßnahmen.*
4. *Die Kirche versagte den Juden auch nach 1945 die Zuwendung, obwohl sie Ausgebombten, Vertriebenen und Entnazifizierten half.* Oder: *Die Kirche half nach 1945 zwar den Ausgebombten, Vertriebenen und Entnazifizierten, aber nicht den Juden.*

5. *Er war schon tot, als seine Eltern eintrafen. Sie waren telefonisch verständigt worden.*
6. *Vor allem kommt es darauf an, dass sich sprachliche Wendigkeit mit dem Willen verknüpft, wirklich verstanden zu werden.* Oder, ohne einleitenden Nebensatz: *Sprachliche Wendigkeit muss sich mit dem Willen verknüpfen, wirklich verstanden zu werden.*
7. *Es gibt immer mehr asynchrone Kommunikation. Dabei sind Sender und Empfänger nicht gleichzeitig verbunden.*

   Haben Sie den Fehler bemerkt, als Sie entschachtelt haben? Adressat und Empfänger ist das Gleiche. Der Schachtelsatz versteckt den Fehler, weil er den Blick für den Inhalt vernebelt.

6. Kein Nominalstil, sondern kräftige Verben

Die Juristensprache ist vor allem wegen des Nominalstils, wegen der substantivierten Verben bei Durchschnittsmenschen verpönt. Nominalstil ist Hauptmerkmal der Juristensprache. Nominalstil ist umständlich, gestelzt und daher meist schwer zu verstehen. Diese „Hauptwörterei" im Juristendeutsch wird außerdem als distanziert, unfreundlich, arrogant und hochnäsig empfunden. Die „Opfer" des Nominalstils fühlen sich von oben herab behandelt. Nominalstil ist vermeidbar – für den, der es möchte.

Wir betrauen ihn mit der Durchführung der Untersuchung des Falles,

heißt nichts anderes als:

Wir betrauen ihn damit, den Fall zu untersuchen. Oder: *Er soll den Fall untersuchen.*

Oder:

Es muss eine Beschlagnahme der Akten durch die Staatsanwaltschaft erfolgen,

heißt nichts anders als:

Die Staatsanwaltschaft muss die Akten beschlagnahmen.

Schreiben Sie nicht:

Es erfolgt eine Umstrukturierung des Unternehmens durch einen Wirtschaftsberater,

sondern:

Ein Wirtschaftsberater strukturiert das Unternehmen um.

Ein Grund für den Nominalstil mag sein, dass die Überschriften zu Gesetzen meist nur aus Nomina bestehen: Beschlagnahme, Festnahme, Personenbeförderung, Eheschließung. Daraus folgt dann, dass:

die Beschlagnahme erfolgt, die Festnahme durchgeführt, die Personenbeförderung vorgenommen und die Eheschließung vollzogen wird.

Genauso gut und viel kürzer kann es heißen:

beschlagnahmen, festnehmen, Personen befördern und verheiraten.

Indizien für Nominalstil sind: die Substantiv-Endungen **-ung** oder **-keit** und die Verben:

erfolgen, durchführen, vornehmen, vollziehen.

Also Achtung, wenn sie diese Wörter diktieren oder schreiben.

Meist ist Nominalstil noch mit der Passivform verbunden, die ebenfalls tabu sein sollte. Dazu mehr in Kapitel I. 7.

Übung: Weg mit dem Nominalstil.

1. *Durch die vorgenommene Beschrankung des Bahnübergangs Müllerstraße wurde eine Senkung der Unfallquote an diesem Gefahrenpunkt auf Null erreicht.*
2. *Schulseitig wird die Beantragung einer Bezuschussung der Klassenreise nach Amsterdam seitens der Schulbehörde in Erwägung gezogen.*
3. *Ich schaue zu, wie er die Arbeitseinteilung der Maurer vornimmt.*
4. *Die Erfolgsaussichten unterliegen der Beurteilung durch das Landgericht.*
5. *Die Akte wurde einer weiteren Bearbeitung durch die Staatsanwaltschaft zugeführt.*

6. *Die Abnahme der Arbeit kann erst nach Einarbeitung aller Änderungswünsche erfolgen.*
7. *Eine Gefährdung der Resozialisierung ist regelmäßig anzunehmen, wenn eine den Täter identifizierende Sendung über eine schwere Straftat nach seiner Entlassung oder in zeitlicher Nähe zu seiner bevorstehenden Entlassung ausgestrahlt wird.*

Lösungen:

1. *Seit es am Bahnübergang Müllerstraße eine Schranke gibt, geschehen dort keine Unfälle mehr.*
2. *Die Schule will einen Zuschuss zur Klassenreise nach Amsterdam beantragen.*
3. *Ich schaue zu, wie er die Maurer zur Arbeit einteilt.*
4. *Das Landgericht beurteilt die Erfolgsaussichten.*
5. *Wir haben die Akte an die Staatsanwaltschaft weitergegeben.*
6. *Wir nehmen die Arbeit erst ab, wenn alle Änderungswünsche eingearbeitet sind.*
7. *Die Wiedereingliederung ist gefährdet, wenn nach oder kurz vor der Entlassung eines Straftäters ein Film über die Tat gezeigt wird, in dem der Täter zu identifizieren ist.*

Besonders gefährlich sind auch die so genannten **Nominalstilketten**, die Aufreihung von Nomina. Nominalstilketten sind nicht nur umständlich und lang, sie können auch zu Missverständnissen führen, wenn substantivierte Verben mittels Präpositionen oder Genitivkonstruktionen aneinander gereiht werden.

Ziel der Aktion waren Beschlagnahmen, Durchsuchungen und Identifizierungen von Fahrzeugen und Kleidung des Täters.

Was gehört wie zusammen? Es gibt mehrere Möglichkeiten die Nominalstilkette zu verstehen:

1. Fahrzeuge und Kleidung des Täters wurden beschlagnahmt, durchsucht und identifiziert.
2. Es gab Beschlagnahmen und außerdem gab es Durchsuchungen und Identifizierungen der Fahrzeuge und Kleidung.

3. Es gab Beschlagnahmen und Durchsuchungen und es gab Identifizierungen der Fahrzeuge und Kleidung.
4. Es gab Beschlagnahmen, Durchsuchungen und es gab Identifizierungen der Fahrzeuge und außerdem war die Kleidung des Täters Ziel.

Mit Verben kann das nicht passieren:

Ziel der Aktion war es, Kleidung und Fahrzeuge des Täters zu beschlagnahmen, zu durchsuchen und zu identifizieren.

Oder:

Bei der Aktion sollten Kleidung und Fahrzeuge des Täters beschlagnahmt, durchsucht und identifiziert werden.

Ein anderes Beispiel einer Nominalstilkette:

Neu eingeführt wurde in § 10 Ziff. 1 Kategorie 1 e) die Bewertung von Audiodeskriptionen von Filmen für Blinde, wie sie insb. Arte sendet, mit fünf Punkten.

Hier stellen sich zwei Fragen:

1. Was ist neu? – Die Bewertung insgesamt? Oder nur die Bewertung mit fünf Punkten? Oder ist neu, dass das Ganze jetzt in § 10 Ziff. 1 Kategorie 1 e) steht?
2. Worauf bezieht sich der Nebensatzsatz? Was also sendet Arte? – Etwa Filme für Blinde? Oder Audiodeskriptionen für Filme für Blinde? Oder die Bewertungen?

Die Antworten auf Frage 1 weiß nur der Autor. Weil hier Nomina aneinander gereiht sind, ist der Sinn des Satzes nicht zu erfassen. Solche Konstruktionen kommen in Gesetzen häufig vor und führen dann zu unterschiedlichen Auslegungen – nur weil jemand schlecht und mehrdeutig formuliert hat.

Bei der Frage 2 kann man sich die Antwort erarbeiten: Arte sendet Audiodeskriptionen (gesprochene Untertitel unter Filmen); denn Filme für Blinde zu senden ist wohl Unsinn. Aber auch wegen solcher Konstruktionen kommt es in Gesetzen oft zu Missverständnissen, weil der Leser nicht weiß, worauf sich der Nebensatz beziehen soll.

Beispiele für Silbenmüll in Substantiven

gestelzt:	**meist genügt:**
Bestrafung	*Strafe*
Begutachtung	*Gutachten*
Beschrankung	*Schranke*
Beantragung	*Antrag*
Bevorratung	*Vorrat*
Beantwortung	*Antwort*
Bestuhlung	*Stühle*
Befindlichkeit	*Befinden (Zustand)*
Unterschiedlichkeit	*Unterschied*
Übermächtigkeit	*Übermacht*
Mandantschaft	*Mandant(en)*

7. Viel Aktiv, wenig Passiv

Ein anderes Übel, das Juristen pflegen, ist das Passiv. Es ist meist mit dem Nominalstil gekoppelt und klingt ebenfalls unfreundlich und distanziert. Das Passiv ist umständlich, zäumt das Pferd sozusagen von hinten auf und verschweigt oft, wer der Handelnde ist. Das Passiv braucht zudem immer zwei oder gar drei Prädikatsteile: ein oder zwei Hilfsverben und ein Hauptverb *(wird geschlagen – ist geschlagen worden).* Daher kann es bei längeren Sätzen auch noch passieren, dass die Prädikatsteile im Satz verstreut sind.

Also nicht:

Er wird von einem großen schlanken Mann mit dunkler Brille und schwarzem Mantel im Park verfolgt.

Sondern:

Ein großer schlanker Mann mit dunkler Brille und schwarzem Mantel verfolgt ihn im Park.

Passiv ist nicht nur umständlich und klingt distanziert, es kann auch zu Missverständnissen führen, wenn Sie – ohne es zu ahnen – die **Passivfalle** aufstellen.

Die Sache konnte durch Befragung von Experten geklärt werden.

Welche Rolle spielen in diesem Satz die Experten? Fragen sie jemanden oder werden sie von jemandem befragt? Das ist nicht klar, und zwar wegen des Passivs. Ein aktiver Satz birgt keine Missverständnisse in sich:

Experten konnten die Sache mittels Befragung klären. Oder: *Wir konnten die Sache klären, indem wir Experten befragten.*

Auf einem Hinweisschild auf dem Juristentag 2000 in Leipzig stand:

Achtung!
Am heutigen Donnerstag findet in der Glashalle
um 13.00 Uhr eine Führung durch Frau Dr. Ladwig-Winters
durch die Ausstellung „Anwalt ohne Recht“ statt.

Eine typisch juristische Sprachkonstruktion mit Passiv und Nominalstil. Wie Sie bemerkt haben, bringt das Passiv hier sogar ungewollten Humor *(Führung durch Frau Dr. Ladwig-Winters).* Viel kürzer und klarer geht es ohne Passiv und ohne Nominalstil:

Heute führt Frau Dr. Ladwig-Winters um 13 Uhr in der Glashalle durch die Ausstellung „Anwalt ohne Recht“.

Wenn der Text so kurz und klar ist, wird auch die Überschrift *Achtung!* überflüssig, die ohnehin als leicht boshaft verstanden werden kann: *Achtung!* klingt fast, als solle vor der Führung gewarnt werden.

Übung: Setzen Sie um ins Aktiv.

1. *Der Gesuchte wurde am Freitag von der Polizei festgenommen.*
2. *In das Ledergeschäft in der Schillerstraße ist am Freitag von drei Jugendlichen eingebrochen worden.*
3. *Wir wissen nicht, ob der Antrag von Herrn Müller bearbeitet wurde.*
4. *In der Bar hat eine Durchsuchung seitens der Polizei stattgefunden.*

5. *Das Gesetz ist von der Regierung nicht beachtet worden.*
6. *Das Urteil wurde gestern verkündet.*
7. *Das vom Verteidiger gehaltene Plädoyer wurde vom Publikum beklatscht. Die Zuschauer wurden darum des Saales verwiesen.*

Lösungen:

1. *Am Freitag hat die Polizei den Gesuchten festgenommen.*
2. *Drei Jugendliche sind am Freitag in das Ledergeschäft in der Schillerstraße eingebrochen.*
3. *Wir wissen nicht, ob Herr Müller den Antrag bearbeitet hat.* Oder (Passivfalle!): *Wir wissen nicht, ob Herr Müllers Antrag bearbeitet wurde.*
4. *Die Polizei hat die Bar durchsucht.*
5. *Die Regierung hat das Gesetz nicht beachtet.*
6. *Das Gericht hat das Urteil gestern verkündet.*
7. *Die Zuschauer beklatschten das Plädoyer des Verteidigers, der Richter schickte sie daraufhin aus dem Saal.*

8. Konkret, nicht abstrakt erzählen

Würden Sie so erzählen:

Ich habe am Sonntag einer nahen Angehörigen Blumen geschenkt.

Wohl kaum. Sie würden sagen:

Ich habe am Sonntag meiner Mutter Rosen geschenkt.

Wenn Sie das Konkrete kennen, dann schreiben Sie auch das Konkrete. Abstrakte Formulierungen sind zwar in Gesetzen nötig, um viele konkrete Fälle allgemein zu regeln, aber im konkreten Fall müssen Sie nicht abstrahieren.

Sie müssen also nicht schreiben:

Der Täter verletzte das Opfer, indem er ihm ein Messer ins Bein stach. Der Täter war Herr Müller, das Opfer hieß Meyer.

Dass der Messerstich das Opfer verletzte, ist jedem Leser klar, wenn Sie nur das Konkrete schreiben, also:

Müller stach Meyer ein Messer ins Bein.

Dass Müller Täter und Meyer Opfer war, kann jeder Leser sich dann denken.

Nur dort, wo eine Subsumtion unter einen Tatbestand gerade das Thema ihres Schriftsatzes ist, nur wenn es darum geht, zu erklären, warum der Täter tatbestandlich gehandelt hat, ist das Abstrakte nötig. Meist wissen die Beteiligten aber, um welchen Tatbestand es geht und subsumieren automatisch. Daher können Sie auch vorangestellte abstrakte Einleitungen weglassen:

Gestern passierte wegen Unachtsamkeit im Straßenverkehr ein schwerer Unfall: Ein Lkw raste an der Kreuzung Rathausplatz in einen Schulbus. Zehn Kinder wurden verletzt. Der Lkw-Fahrer hatte das Rotlicht übersehen.

Wenn Sie nur das Konkrete erzählen, weiß der Leser auch ohne die abstrakte Einführung, dass es sich um einen schweren Unfall wegen Unachtsamkeit handelte.

Übung:

Bei diesen Beispielen müssen Sie sich übungshalber das konkrete Geschehen meist ausdenken, da die abstrakte Formulierung es gerade offen lässt.

1. *Gestern hat sich ein schwerer Unfall ereignet; daher sollen an der betreffenden Kreuzung unfallverhütende Maßnahmen getroffen werden.*
2. *Der Täter brach den Gewahrsam des Opfers an dessen Uhr und eignete sie sich zu.*
3. *Der Gatte brachte seine Frau ums Leben, indem er ihr mit einem elektrischen Küchengerät einen kräftigen Schlag auf den Kopf beibrachte.*
4. *Der Geschäftsführer schloss einen Kaufvertrag über eine neue EDV-Anlage.*
5. *Er hat juristischen Rat eingeholt.*
6. *Das ist höchstrichterlich entschieden.*
7. *Sie ist winterlich gekleidet.*

Lösungen:

1. *Gestern überfuhr ein Lkw drei Kinder an der Kreuzung Müllerstraße/ Meyerstraße. Nun will die Stadt dort Fußgängerampeln aufstellen.*
2. *Der 15-Jährige stahl die Uhr der Rentnerin.*
3. *Der Mann erschlug seine Frau mit einem Mixer.*
4. *Der Geschäftsführer kaufte fünf neue Computer.*
5. *Er hat seinen Anwalt gefragt.*
6. *Das hat der Bundesgerichtshof entschieden.*
7. *Sie trägt einen langen Wollmantel.*

Zwischenübung

Nun haben Sie schon eine Menge gelernt und können beginnen, Sätze mit mehreren Stilfehlern zu „zerschlagen" und kurz und klar zu formulieren. Denken Sie wieder an den „Küchenzuruf" (Kapitel I. 1.).

Wortmüll und Blähdeutsch

1. *Die gemachten Aussagen sind klar formuliert.*
2. *Ähnlich gelagerte Fälle werden oftmals von verschiedenen Gerichten unterschiedlich entschieden.*
3. *Die im Theater vorhandene Bestuhlung ist nicht ausreichend für die Zahl der Zuschauer.*
4. *Der Schweregrad der Unfälle geht einer Steigerung entgegen.*
5. *Die Schulklasse ist in überwiegender Mehrzahl aus Mädchen zusammengesetzt.*
6. *Von der Kostenseite her ist dieses Buch zu preisaufwendig.*
7. *Seine Erwartungshaltung war sehr hochgeschraubt.*
8. *Wir werden kostenmäßige Reduzierungen auf dem Personalsektor vornehmen müssen.*
9. *Außerdem verstärkte die Tatsache, dass die Demontage von Betrieben vor allem in der sowjetischen Zone in großem Maßstab vorgenommen wurde, die feindselige Einstellung der Bevölkerung zur Besatzungsmacht, d. h. zur Sowjetunion.*

Lösungen:

1. *Die Aussagen sind klar.*
2. *Verschiedene Gerichte entscheiden ähnliche Fälle oft unterschiedlich.*
3. *Es gibt zu wenige Stühle im Theater.*
4. *Es gibt immer schwerere Unfälle.*
5. *In der Klasse gibt es mehr Mädchen.*
6. *Das Buch ist zu teuer.*
7. *Er hatte hohe Erwartungen.* Oder: *Er erwartete viel.*
8. *Wir müssen Leute entlassen.* Oder: *Wir müssen die Löhne senken.*
9. *Die Demontage vieler Betriebe in der sowjetischen Besatzungszone verstärkte die Feindseligkeit der Bevölkerung zur Sowjetunion.*

9. Positive Begriffe, keine Verneinungen

Vielen Menschen, vor allem Juristen, sind Verneinungen schon in Fleisch und Blut übergegangen: ***un****wesentlich,* ***nicht*** *unerheblich,* ***nicht*** *mangelhaft*. Verneinungen gehören zum Berufsalltag. Sie klingen aber negativ und oft sind sie so abstrakt, dass nicht klar ist, was konkret gemeint ist. Zudem transportieren Verneinungen genau den Begriff, den man gerade vermeiden möchte oder von dessen Gegenteil der Leser oder Zuhörer überzeugt werden soll: *unkompliziert* enthält *kompliziert*. Bei *einfach* würde der Leser oder Zuhörer das Wort nicht serviert bekommen.

Doppelte Verneinungen sind besonders gefährlich. In der Doppelform *nicht unwesentlich* ist die Verneinung ausgesprochen schwer zu erfassen. Ein Beispiel: Wenn Ihnen jemand sagt, er parke *nicht unweit* vom Gericht, glauben Sie, er parke nah. *Nicht unweit* bedeutet aber *weit*. Die doppelte Verneinung verwirrt.

Ein typisches Beispiel aus einem juristischen Text zeigt, dass Verneinungen meistens nur das Verständnis erschweren, den Text verlängern, aber sonst offensichtlich keine Funktion haben:

*Die jeweilige Arbeitsmarktlage ist **ohne** Bedeutung für Versicherte, die **nicht** wenigstens noch drei Stunden täglich erwerbstätig sein können.*

Wenn Sie die beiden Verneinungen *ohne* und *nicht* entfernen, bleibt der Text inhaltlich gleich, ist aber deutlich besser zu begreifen:

Die jeweilige Arbeitsmarktlage ist nur von Bedeutung für Versicherte, die wenigstens noch drei Stunden täglich erwerbstätig sein können.

Verneinungen zwingen den Leser, um die Ecke zu denken. Muten Sie ihm das nicht zu; juristische Texte sind ohnehin schon kompliziert genug. Benutzen Sie positive Begriffe. Das klingt besser und ist in aller Regel klarer für den Leser oder Zuhörer.

Unten finden Sie einige Beispiele. Die Begriffe in der rechten Spalte sind nur mögliche Deutungen oder Erklärungen für den negativen Begriff links. Wenn Sie für „Un-Wörter" stets den konkreten positiven Begriff suchen, wird sich Ihr Vokabular nach und nach erweitern.

statt:	**besser:**
unzulässig, unerlaubt	*verboten, untersagt, nur zulässig/ erlaubt für*
unbekleidet	*nackt*
unbeherrscht	*jähzornig, aufbrausend*
unbemerkt	*heimlich, still*
unwesentlich	*gering, klein, banal, belanglos*
unbedeutend	*belanglos, gering, bedeutungslos*
unangenehm	*peinlich, lästig, aufdringlich*
unrechtmäßig	*rechtswidrig, verboten, falsch*
unrichtig	*falsch*
unpünktlich	*zu spät*
unstreitig	*sicher, es steht fest, sie sind einig über*
unanständig	*schamlos, schmutzig, anzüglich*

nicht mangelhaft	*mangelfrei, in Ordnung*
nicht annehmen	*ablehnen*
nicht gewinnen	*verlieren*
unentgeltlich	*kostenlos, gebührenfrei, gratis, frei*
zuungunsten	*zulasten*

Besonders umständlich und meist sinnlos sind doppelte Verneinungen, denn sie sagen meist nichts anderes als das nackte Wort ohne Verneinungen:

nicht unstreitig	*streitig, umstritten*
nicht unwesentlich	*wesentlich, bedeutend*
nicht unglaubwürdig	*glaubwürdig*
nicht ohne	*mit, inklusive*
nicht unzweckmäßig	*zweckmäßig, sinnvoll*

Übung 1: Entfernen Sie Verneinungen.

1. *Ich habe den Prozess nicht gewonnen.*
2. *Er hat unverständlich und nicht laut gesprochen.*
3. *Rechtsanwalt Müller war unfähig.*
4. *Das Gericht hat nicht gesagt, dass es unsere Auffassung nicht teilt.*
5. *Wenn Sie nicht glauben, dass ich Ihnen nicht schaden will, nehme ich das Mandat nicht an.*
6. *Die Polizei ist dem Täter nicht mehr auf der Spur.*
7. *Der Richter hat die Sitzung unerwartet nicht fortgesetzt.*

Lösungen:

1. *Ich habe den Prozess verloren.*
2. *Er hat genuschelt.*
3. *Rechtsanwalt Müller hat versagt.*
4. *Das Gericht hat angedeutet, dass es unserer Meinung ist. Oder: Das Gericht hat offen gelassen, ob es unserer Meinung ist.*

5. *Wenn Sie daran zweifeln, dass ich Ihnen helfen will, lehne ich das Mandat ab.*
6. *Die Polizei hat die Spur des Täters verloren.*
7. *Der Richter hat die Sitzung überraschend unterbrochen.*

Übung 2:

Sie kennen wohl alle § 164 Absatz 2 BGB. Er ist ein klassisches Beispiel für Kettenverneinung:

Tritt der Wille, in fremdem Namen zu handeln, nicht erkennbar hervor, so kommt der Mangel des Willens, im eigenen Namen zu handeln, nicht in Betracht.

Versuchen Sie es mal mit positiven Begriffen. Juristisch muss Ihr Versuch nicht gleich mikroskopisch genau dasselbe sagen, er darf aber nicht stark danebenliegen.

Lösung:

Bleibt der Wille, in fremdem Namen zu handeln, verborgen, so wird der Wille, in eigenem Namen zu handeln, angenommen.

Außerdem entschachtelt:

Bleibt der Wille verborgen, in fremdem Namen zu handeln, so wird der Wille angenommen, in eigenem Namen zu handeln.

Oder, noch einfacher:

Bleibt verborgen, dass jemand in fremdem Namen handeln will, so handelt er in eigenem.

10. Wenige Fremdwörter und Fachbegriffe

In wissenschaftlichen Abhandlungen und auch in manchen Klagen sind juristische oder technische Fachbegriffe nötig. Meist aber geht es in Schriftsätzen und vor allem in Briefen an Mandanten nicht um tief greifende rechtswissenschaftliche Probleme, sondern um Sachverhaltsfragen. Benutzen Sie nur dort Fremdwörter oder Fachbegriffe, wo sie nötig sind und der Leser/Zuhörer sie kennt. Denken Sie daran: Fachleute verstehen auch die einfachen Begriffe, Laien nur die einfachen.

Einige Beispiele für Fachbegriffe oder Fremdwörter aus Schriftsätzen, die Sie für Laien übersetzen sollten:

kausal	*ursächlich*
konkludent	*stillschweigend*
forensische Tätigkeit	*bei/vor Gericht auftreten*
eruieren	*herausfinden*
obiter dictum	*nebenbei erwähnt/am Rande bemerkt*
praktische Konkordanz	*Abwägung*
er handelte mit Vorsatz	*er tat es ganz bewusst*
Replik	*Erwiderung, Einwand*
Präjudiz	*vorangegangene, einschlägige Entscheidung*
substantiiert darlegen	*konkret begründen*
postulationsfähig	*am Gericht zugelassen*
Präzedenzfall	*Vorbild, Beispiel für Fälle gleicher Art*
contra legem	*gegen das Gesetz*

Neben den echten Fachbegriffen und Fremdwörtern, die der Leser gleich als solche erkennt, gibt es auch Begriffe, die für den Laien nicht als Fachbegriff oder Fachsprache zu erkennen sind, weil es diese Begriffe auch in der normalen Sprache gibt. Allerdings haben sie dort eine andere oder nicht die spezielle Bedeutung, die sie in der Rechtssprache haben. Das beste Beispiel hier für ist das Wort *regelmäßig*. Im normalen Deutsch bedeutet das *einer zeitlichen Regel folgend, in gleichen zeitlichen Abständen, sich wiederholend*, also beispielsweise: *alle zwei Stunden, täglich, jeden Mittwoch, jeden Monat*. Juristen benutzen das Wort aber statt *in aller Regel* oder statt *meist*. Ähnlich verhält es sich mit *grundsätzlich*. Für Juristen sind bei *grundsätzlich* viele Ausnahmen möglich; andere Menschen können darunter auch *ausnahmslos* oder *stets* verstehen.

Bedenken Sie, was „normale" Menschen unter den Begriffen verstehen können und übersetzen Sie gleich richtig. Einige Denkanstöße:

statt:	**besser:**
regelmäßig	*in der Regel, meistens*
grundsätzlich	*in der Regel, fast immer, mit einigen Ausnahmen*
kommt in Betracht, wenn	*das ist so, wenn*

II. Textgliederung

Obwohl es in diesem Buch vor allem um Formulierungen geht, möchte ich Ihnen auch ein paar Tipps geben, wie Sie Texte gliedern können.

Sie haben es bereits bei einzelnen Sätzen und kurzen Textpassagen gemerkt: Wenn Sie einfach drauflos formulieren, können Sie sich ganz schön verrennen und viel Schwulst produzieren. Auch die Gliederung eines Textes kann den Leser verwirren. Darum gilt auch für den Aufbau eines Textes:

Erst denken, dann schreiben.

Zunächst einmal Hände weg vom Computer oder Diktiergerät. Machen Sie sich zunächst ein Skizze, was Sie in Ihrem Text mitteilen wollen; machen Sie einen „Text-Fahrplan". Schreiben Sie die Aspekte in Stichworten auf. So vermeiden Sie, dass Sie Punkte, die zusammengehören, über den ganzen Text in mehreren Absätzen verstreuen oder sie doppelt schreiben.

Was zusammengehört, muss in einen Absatz. Grundsatz der Textgliederung ist: Jeder neue Gedanke erfordert einen neuen Absatz. Ohne neuen Gedanken keinen neuen Absatz.

Die Grundregel des Aufbaus „das Wichtigste nach vorn" ist bereits in Kapitel I. 1. behandelt. Das Wichtigste sollte im ersten Absatz stehen. Dann gibt es vor allem zwei Methoden:

1. Weiter nach der Bedeutung gliedern: die Absätze nach der Wichtigkeit ordnen.

2. Nach dem ersten Absatz chronologisch aufbauen.

Welche Methode Sie wählen, hängt von Ihrem Text ab. Wenn Sie aufzählen, wenn Sie Fakten, Thesen oder Argumente aneinander reihen, bietet sich die 1. Methode an. Wenn Sie einen Vorgang, einen Ablauf oder eine Entwicklung beschreiben, bietet sich eher die 2. Methode an.

Bei längeren Texten müssen Sie nicht nur in Absätzen, sondern in Abschnitten oder Kapiteln denken. Ordnen Sie Ihren Text zunächst nach einer der beiden Methoden in Abschnitte/Kapitel ein, dann ordnen Sie die Absätze innerhalb eines Abschnitts nach der einen oder anderen Methode, je nachdem, welche besser passt. Sie können die Methoden also mischen.

Als Übungen für Text-Gliederung können Sie vor allem die Texte in Kapitel III. 4. und 5. b) nehmen.

Noch ein Tipp: Scheuen Sie sich nicht davor, bei Aufzählungen das Aufgezählte mit Gedankenstrichen oder Punkten aufzulisten. Das macht den Text übersichtlicher und lesbarer.

III. Praxis-Übungen

1. Gesetze

Gesetze müssen zwar abstrakt formuliert sein, aber nicht umständlich.

Übung: Schreiben Sie folgende Vorschriften in kurzes, klares Deutsch um.

BGB
§ 538 Abnutzung der Mietsache durch vertragsgemäßen Gebrauch

Veränderungen oder Verschlechterungen der Mietsache, die durch den vertragsgemäßen Gebrauch herbeigeführt werden, hat der Mieter nicht zu vertreten.

Luftverkehrsordnung
§ 5 a Startverbot

(1) Wird anlässlich des Ergebnisses einer luftaufsichtlichen Untersuchung eines nicht in einem deutschen Luftfahrzeugregister eingetragenen Luftfahrzeugs ein Startverbot verhängt, so hat die für die Gewährung der Verkehrsrechte zuständige Behörde unverzüglich den betreffenden Eintragungsstaat oder, falls dieser nicht die Aufsicht über den Flugbetrieb dieses Luftfahrzeuges führt, den für die Aufsicht über ein Flugbetrieb dieses Luftfahrzeuges zuständigen Staat über die Befunde, die zur Verhängung des Startverbotes führten, zu unterrichten und anschließend entsprechend seiner Bewertung zu verfahren.

StVO
§ 21 Personenbeförderung

(. . .)
(1a) Kinder bis zum vollendeten 12. Lebensjahr, die kleiner als 150 cm sind, dürfen in Kraftfahrzeugen auf Sitzen, für die Sicherheitsgurte vorgeschrieben sind, nur mitgenommen werden, wenn Rückhalteeinrichtungen für Kinder benutzt werden, die amtlich genehmigt und für das Kind geeignet sind. Das gilt nicht in Kraftomnibussen mit einer zulässigen Gesamtmasse von mehr als 3,5 t. Abweichend von Satz 1 dürfen Kinder auf Rücksitzen ohne Sicherung durch Rückhalteeinrichtungen befördert werden, wenn wegen der Sicherung von anderen Personen für die Befestigung von Rückhalteeinrichtungen für Kinder keine Möglichkeit mehr besteht.

§ 8 EGGVG

(1) Durch die Gesetzgebung eines Landes, in dem mehrere Oberlandesgerichte errichtet werden, kann die Verhandlung und Entscheidung der zur Zuständigkeit des Bundesgerichtshofes gehörenden Revisionen in bürgerlichen Rechtsstreitigkeiten einem obersten Landesgericht zugewiesen werden.

(2) Diese Vorschrift findet jedoch auf bürgerliche Rechtsstreitigkeiten, in denen für die Entscheidung Bundesrecht in Betracht kommt, keine Anwendung, es sei denn, dass es sich im Wesentlichen um Rechtsnormen handelt, die in den Landesgesetzen enthalten sind.

Wohnungseigentumsgesetz
§ 6

(1) Das Sondereigentum kann ohne den Miteigentumsanteil, zu dem es gehört, nicht veräußert oder belastet werden.

(2) Rechte an dem Miteigentumsanteil erstrecken sich auf das zu ihm gehörende Sondereigentum.

§ 20

(1) Die Verwaltung des gemeinschaftlichen Eigentums obliegt den Wohnungseigentümern nach Maßgabe der §§ 21 bis 25 und dem Verwalter nach Maßgabe der §§ 26 bis 28, im Fall der Bestellung eines Verwaltungsbeirates auch diesem nach Maßgabe des § 29.

(2) Die Bestellung eines Verwalters kann nicht ausgeschlossen werden.

Lösungen:

§ 538 Abnutzung der Mietsache durch vertragsgemäßen Gebrauch

Veränderungen oder Verschlechterungen der Mietsache durch vertragsgemäßen Gebrauch hat der Mieter nicht zu vertreten.

Oder so kurz und einfach, wie es in der Überschrift der Vorschrift steht:

Abnutzung der Mietsache durch vertragsgemäßen Gebrauch hat der Mieter nicht zu vertreten.

§ 5a Luftverkehrsordnung

Wird nach einer luftaufsichtlichen Untersuchung für ein im Ausland eingetragenes Luftfahrzeug ein Startverbot verhängt, so hat die zuständige Behörde sofort den für die Aufsicht zuständigen Staat über den Grund des Startverbots zu unterrichten und dann nach seiner Bewertung zu verfahren.

Anmerkung: Hier sehen Sie sehr deutlich, wie gefährlich Schachtelsätze sein können:

- Ein ganzer Halbsatz ist überflüssig: *... den betreffenden Eintragungsstaat, und, falls dieser nicht die Aufsicht über den Flugbetrieb führt, ...*
- Am Ende ist fraglich, ob der Gesetzgeber vor lauter Gewurstel nicht *seiner* mit *ihrer* verwechselt hat: Das Pronomen kann sich ja nach normalem Rechtsverständnis nur auf die deutsche Behörde beziehen und nicht auf den ausländischen Staat. Aber selbst wenn das Pronomen richtig ist und der ausländische Staat entscheidet, so hat die Schachtelei dazu geführt, dass der Leser es bezweifelt. Denn er findet kaum noch den Bezug.

Außerdem der grandiose Schwulst: *die Befunde, die zur Verhängung des Startverbotes führten* sind schlicht *die Gründe des Startverbots*. Doppelt so viele Wörter und ein Einschub statt eines klaren Begriffs.

§ 21 Absatz 1a StVO

Kinder, die jünger als zwölf Jahre und kleiner als 150 cm sind, dürfen in Kraftfahrzeugen in Kindersitzen mitgenommen werden.

Das gilt nicht

- *für Sitze im Kraftfahrzeug, für die keine Sicherheitsgurte vorgeschrieben sind,*
- *auf Rücksitzen, wenn wegen der Sicherung anderer Personen Kindersitze dort nicht befestigt werden können,*
- *für Kraftomnibusse mit mehr als 3,5 t Gesamtmasse.*

Kindersitze im Sinne dieser Vorschrift sind alle amtlich genehmigten und geeigneten Rückhalteeinrichtungen für Kinder.

§ 8 EGGVG

Ein Land mit mehreren Oberlandesgerichten kann die Revisionen in bürgerlichen Streitigkeiten, für die der Bundesgerichtshof zuständig ist, einem obersten Landesgericht zuweisen, wenn es sich im Wesentlichen um Normen handelt, die in Landesgesetzen enthalten sind.

Wohnungseigentumsgesetz
§ 6

(1) Das Sondereigentum kann nur mit dem Miteigentumsanteil veräußert oder belastet werden, zu dem es gehört.

(2) Rechte an dem Miteigentumsanteil erstrecken sich auf das zugehörige Sondereigentum.

§ 20

(1) Die Verwaltung des Gemeinschaftseigentums obliegt

– den Wohnungseigentümern nach §§ 21 bis 25

– dem Verwalter nach §§ 26 bis 28 und

– dem Verwaltungsbeirates nach § 29, falls ein Verwaltungsbeirat bestellt ist

(2) Die Bestellung eines Verwalters ist zwingend.

Positivbeispiel

Dass Gesetze auch einfacher formuliert sein können, zeigt der Vergleich von § 1301 BGB mit § 94 des Schweizer Zivilgesetzbuches:

§ 1301 BGB

Unterbleibt die Eheschließung, so kann jeder Verlobte von dem anderen die Herausgabe desjenigen, was er ihm geschenkt oder zum Zeichen des Verlöbnisses gegeben hat, nach den Vorschriften über die Herausgabe einer ungerechtfertigten Bereicherung fordern. Im Zweifel ist anzunehmen, dass die Rückforderung ausgeschlossen sein soll, wenn das Verlöbnis durch den Tod eines der Verlobten aufgelöst wird.

§ 94 ZGB

Geschenke, die Verlobte einander gemacht haben, können bei Aufhebung des Verlöbnisses zurückgefordert werden. Sind die Geschenke nicht mehr vorhanden, so erfolgt die Auseinandersetzung nach den Vorschriften über die ungerechtfertigte Bereicherung. Wird das Verlöbnis durch den Tod eines Verlobten aufgelöst, so ist jede Rückforderung ausgeschlossen.

2. Anklage

Anklagen sind oft überaus gestelzt formuliert, obwohl vor allem die Angeklagten sie verstehen sollten.

Übung: Schreiben Sie folgendes Beispiel um.

Den Angeschuldigten wird Folgendes zur Last gelegt:

Am Samstag, dem 29. Januar 2005, etwa gegen 11.45 Uhr, betraten die Angeschuldigten X und Y den in 12345 Berlin gelegenen Zeitschriften- und Tabakladen des Geschädigten Z. Aufgrund eines zuvor gefassten gemeinsamen Tatentschlusses verlangte der Angeschuldigte X die Herausgabe von Bargeld.

Als der Geschädigte dem Verlangen nicht nachkam, zog der Angeschuldigte X zur Bekräftigung seines Begehrens eine nicht geladene Schreckschusspistole aus der Jackeninnentasche, hielt sie in Richtung des Geschädigten und äußerte ihm gegenüber: „Beeil dich, kommt ein Kunde, bist du tot." Als der Geschädigte daraufhin in den Nebenraum gehen wollte, lehnte sich der Angeschuldigte X über die Ladentheke und entnahm der Kassenlade einen Bargeldbetrag in Höhe von 100 Euro. Sodann flüchteten beide.

Die Angeschuldigten beabsichtigten, den Bargeldbetrag für eigene Zwecke zu verwenden.

Lösung:

Den Angeschuldigten wird Folgendes zur Last gelegt:

Am Samstag, dem 29. Januar 2005, gegen 11.45 Uhr betraten die Angeschuldigten X und Y den Zeitschriften- und Tabakladen des Geschädigten Z in 12345 Berlin. Aufgrund eines gemeinsamen Tatentschlusses verlangte der Angeschuldigte X Geld vom Geschädigten.

Weil der Geschädigte nichts herausgab, zog der Angeschuldigte X eine nicht geladene Schreckschusspistole aus der Jacke, richtete sie auf den Geschädigten und schrie: „Beeil dich, kommt ein Kunde, bist du tot." Als der Geschädigte daraufhin in den Nebenraum gehen wollte, lehnte sich der Angeschuldigte X über die Theke und nahm 100 Euro aus der Kasse. Dann flüchteten die Angeschuldigten.

Die Angeschuldigten wollten das Geld für eigene Zwecke verwenden.

3. Klage

Die Lösungen sind vom Inhalt her nur Vorschläge.

Übung:

Den richtigen Inhalt müssen Sie im jeweiligen Fall bestimmen.

An das Amtsgericht

...

In der Sache ...

erhebe ich Klage und werde beantragen:

1. Der Beklagte wird verurteilt, es zu unterlassen, ein Funkgerät in einer Weise zu betätigen, die den Rundfunk- und Fernsehempfang des Klägers beeinträchtigt.

2. (...)

Begründung:

Der Kläger ist Eigentümer eines Fernsehgerätes sowie eines Rundfunkgerätes, die er in seiner Wohnung regelmäßig benutzt. Seit einigen Wochen machen sich während des Abendprogramms häufige starke, über längere Zeit anhaltende Störungen im Fernseh- und Rundfunkempfang bemerkbar, für die zunächst weder der Kläger noch ein von ihm zu Rate gezogener Fachmann eine Erklärung besaßen. Nunmehr hat der Kläger durch mehrere Personen erfahren, dass die Störungen durch ein vom Beklagten betätigtes Funkgerät ausgelöst werden und der Beklagte sich hieraus sogar einen Spaß macht. Dies hat der Beklagte mehrfach gegenüber den nachbenannten Zeugen geäußert.

Beweis: Zeugnis …

Außerdem ist der Beklagte verschiedentlich von der Zeugin X beim Funken beobachtet worden, und zwar zu folgenden Zeiten:

…

Beweis: Zeugnis …

…

Lösung:

In der Sache …

erhebe ich Klage und werde beantragen:

1. Der Beklagte wird verurteilt, es zu unterlassen, ein Funkgerät so zu betätigen, dass es den Radio- und Fernsehempfang des Klägers stört.

2. (…)

Begründung:

Seit einigen Wochen stört der Beklagte mit seinem Funkgerät abends stark und lang anhaltend den Empfang des Radios und des Fernsehgerätes des Klägers, unter anderem am

… von … und … Uhr

… von … und … Uhr

…

Beweis: Zeugnis …

Der Beklagte hat Nachbarn erzählt, dass er sich einen Spaß daraus mache, den Kläger damit zu ärgern.

Beweis: Zeugnis …

Die Zeugin X den Beklagten mehrfach beim Funken beobachtet, und zwar am …

Beweis: Zeugnis …

…

Haben Sie bemerkt, wie kurz und klar die Begründung wird, wenn Sie Nominalstil, Passiv und Überflüssiges wegnehmen?

4. Aufsatz aus einer juristischen Zeitschrift

Strukturieren Sie den Beitrag, indem Sie zunächst alles Überflüssige und Doppelte wegstreichen und dann Schachtelsätze und Nominalstil zerschlagen. Danach können Sie sich an die Detailarbeit machen und konkret und aktiv formulieren.

Um Ihnen zu zeigen, wie Sie Schritt für Schritt Wortmüll entfernen können, sind die Arbeitsschritte abgedruckt.

Ursprungsfassung:

Im polnischen Strafgesetzbuch von 1997 wird die Problematik des grenzüberschreitenden Frauenhandels in Art. 204 Abs. 4 geregelt, der lautet:

„Mit der in Abs. 3 genannten Strafe (Freiheitsstrafe von einem Jahr bis zehn Jahre – Anm. d. Verf.) wird auch derjenige bestraft, der eine andere Person zum Zwecke des Nachgehens der Prostitution ins Ausland lockt oder entführt."

Eine einschlägige (veröffentlichte) Rechtsprechung polnischer Gerichte zu der oben zitierten Bestimmung des Art. 204 Abs. 4 StGB liegt hier nicht vor, was angesichts der relativ kurzen Geltungsdauer dieser, in dem bis 1998 geltenden polnischen StGB von 1968 nicht vorgesehenen Strafbestimmung auch erklärbar ist. Die folgenden Bemerkungen zum Inhalt dieser strafrechtlichen Regelung stützen sich somit auf die entsprechenden Äußerungen in den polnischen StGB-Kommentaren und haben einen „theoretischen" Charakter. Inwieweit diese Interpretationen auch von den Gerichten übernommen werden, kann zur Zeit noch nicht vorausgesehen werden.

a) Unterschiede zum tschechischen Recht

Im Vergleich zum Straftatbestand des „Frauenhandels" im Sinne des § 246 des geltenden tschechischen StGB, weist die hier zitierte Bestimmung des Art. 204 Abs. 4 des polnischen StGB von 1997 folgende Unterschiede auf:

- *Anders als § 246 des tschechischen StGB findet diese Bestimmung nicht nur dann Anwendung, wenn das „Opfer" eine Frau ist, sondern auch dann, wenn es sich bei diesem um eine männliche Person handelt,*
- *der Täter muss mit der Handlung das Ziel verfolgen, dass die von ihm ins Ausland „gelockte" bzw. „entführte" männliche oder weibliche Person zum Nachgehen der „Prostitution" also zu sexuellen Handlungen mit einer größeren unbestimmten Zahl wechselnder Partner, die grundsätzlich nicht ausgewählt werden, gegen Bezahlung bestimmt wird. Nicht strafbar nach dieser Bestimmung ist (anders als nach § 246 des tschechischen StGB) der Täter, wenn er das Opfer ins Ausland lockt oder entführt, damit es dort „gelegentlich" sexuelle Kontakte mit anderen Personen aufnimmt, ohne dass es die Absicht des Täters ist, dass das Opfer solchen Kontakten sozusagen „professionell" mit einer Vielzahl wechselnder Personen gegen Bezahlung (d.h. der Prostitution) nachgeht.*

Wesentliche Unterschiede zwischen der tschechischen und der polnischen Regelung gibt es auch bezüglich der Formen, in denen die Straftat nach § 246 des tschechischen bzw. nach § 204 Abs. 4 des polnischen StGB begangen werden kann. Während in Tschechien zu diesen Formen die Verlockung (mit anderem Inhalt als in Polen), die Vermittlung oder die Beförderung der Frau ins Ausland gehören, sieht Art. 204 Abs. 4 des polnischen StGB lediglich die folgenden zwei Begehungsformen der Straftat vor:

- *Die „Verlockung" der betroffenen Person ins Ausland; dem Begriff „Locken" (zwabiac) wird dabei in den polnischen StGB-Kommentaren ein anderer Inhalt als in Tschechien beigemessen; demnach ist das „Locken" mit der Irreführung des Opfers bzw. der Ausnutzung des Irrtums des Opfers bezüglich des tatsächlichen Zwecks der Ausreise ins „Ausland" verbunden. Das Verlocken einer Frau durch (wahrheitsgemäße) Versprechungen zum Nachgehen der Prostitution im Ausland gilt als erfüllt, wenn die Frau diesen Zweck kannte und damit einverstanden ist.*
- *Die „Entführung" der betroffenen Person ins Ausland; Merkmal der „Entführung" ist die Handlung gegen den Willen des Opfers. Nach Art. 204*

Abs. 4 des polnischen StGB wäre ein Täter, der eine Frau auf deren Bitte ins Ausland „vermittelt", damit sie dort der Prostitution nachgehen kann, diese dazu allerdings nicht mit unwahren Versprechungen „lockt", nicht strafbar; in Frage käme hier allerdings unter Umständen die Strafbarkeit wegen der Straftat des „Menschenhandels" nach Art. 253 StGB (vgl. unten). Ebenfalls unterliegt ein Täter, der die Frau ins Ausland lediglich beförderte, ohne ihren Entschluss (den er kannte), der Prostitution im Ausland nachzugehen, durch irgendwelche Versprechungen beeinflusst zu haben, nicht (anders als in Tschechien) der Strafbarkeit nach Art. 204 Abs. 4 StGB. Dabei sei zu vermerken, dass nach dem bis zum Inkrafttreten des StGB von 1997 geltenden Rechtszustand eine Vermittlung einer Person für die Ausübung der Prostitution (im In- oder im Ausland) auch dann strafbar gewesen ist (auf Grund der Einführungsvorschriften zum StGB von 1968), wenn dies mit Zustimmung der betroffenen Person erfolgte.

(…)

1. Schritt

Entfernen Sie Überflüssiges und Schwulst und entschachteln Sie nach den oben dargestellten Regeln.

Nun bleibt noch übrig:

Im polnischen Strafgesetzbuch von 1997 wird der „grenzüberschreitende Frauenhandel" in Art. 204 Abs. 4 geregelt:

(…)

„Mit der in Abs. 3 genannten Strafe (Freiheitsstrafe von einem bis zehn Jahre – Anm. d. Verf.) wird auch derjenige bestraft, der eine andere Person zum Zwecke des Nachgehens der Prostitution ins Ausland lockt oder entführt."

Veröffentlichte Rechtsprechung polnischer Gerichte dazu gibt es noch nicht. Die folgenden Bemerkungen stützen sich daher auf die polnischen StGB-Kommentare.

a) Unterschiede zum tschechischen Recht

Im Vergleich zum Straftatbestand des „Frauenhandels" im Sinne des § 246 des tschechischen StGB weist Art. 204 Abs. 4 des polnischen StGB folgende Unterschiede auf:

- *Er findet nicht nur dann Anwendung, wenn das „Opfer" eine Frau ist, sondern auch, wenn es ein Mann ist,*

- *der Täter muss das Ziel verfolgen, dass die von ihm ins Ausland „gelockte“ bzw. „entführte“ Person zum Nachgehen der „Prostitution“, also zu sexuellen Handlungen mit einer größeren unbestimmten Zahl wechselnder Partner, die grundsätzlich nicht ausgewählt werden, gegen Bezahlung bestimmt wird. Nicht strafbar nach dieser Bestimmung ist der Täter, wenn er das Opfer ins Ausland lockt oder entführt, damit es dort „gelegentlich“ sexuelle Kontakte aufnimmt, ohne dass es die Absicht des Täters ist, dass das Opfer solchen Kontakten „professionell“ mit einer Vielzahl wechselnder Personen gegen Bezahlung nachgeht.*

Während in Tschechien zu den Begehungsformen die Verlockung (mit anderem Inhalt als in Polen), die Vermittlung oder die Beförderung der Frau ins Ausland gehören, sieht Art. 204 Abs. 4 des polnischen StGB lediglich die folgenden zwei Begehungsformen der Straftat vor:

- *Die „Verlockung“ der betroffenen Person ins Ausland; „Locken“ (zwabiac) ist mit der Irreführung des Opfers bzw. der Ausnutzung des Irrtums des Opfers bezüglich des tatsächlichen Zwecks der Ausreise ins „Ausland“ verbunden. Das Verlocken einer Frau durch (wahrheitsgemäße) Versprechungen zum Nachgehen der Prostitution im Ausland ist erfüllt, wenn die Frau diesen Zweck kannte und damit einverstanden ist.*
- *Die „Entführung“ der betroffenen Person ins Ausland; Merkmal der „Entführung“ ist die Handlung gegen den Willen des Opfers. Nach polnischem Recht wäre ein Täter nicht strafbar, wenn er eine Frau auf deren Bitte ins Ausland „vermittelt“, damit sie dort der Prostitution nachgehen kann, diese dazu allerdings nicht „lockt“; in Frage käme hier allerdings unter Umständen die Strafbarkeit wegen „Menschenhandels“ nach Art. 253 StGB. Ebenfalls nicht strafbar ist es, eine Frau ins Ausland zu befördern, ohne ihren Entschluss (denn er kannte), der Prostitution nachzugehen, beeinflusst zu haben. Dabei sei zu vermerken, dass nach dem bis zum Inkrafttreten des StGB von 1997 geltenden Rechtszustand eine Vermittlung einer Person für die Ausübung der Prostitution (im In- oder im Ausland) auch dann strafbar gewesen ist (auf Grund der Einführungsvorschriften zum StGB von 1968), wenn dies mit Zustimmung der betroffenen Person erfolgte.*

  (…)

2. Schritt

Formulieren Sie mit kürzeren Worten, entfernen Sie übrig gebliebenen Wortmüll, gliedern Sie neu, wenn nötig.

Dann bleibt noch:

Im polnischen Strafgesetzbuch von 1997 wird der „grenzüberschreitende Frauenhandel“ in Art. 204 Abs. 4 geregelt:

(…)

„Mit der in Abs. 3 genannten Strafe (Freiheitsstrafe von einem bis zehn Jahre – Anm. d. Verf.) wird auch bestraft, wer einen anderen zum Zwecke des Nachgehens der Prostitution ins Ausland lockt oder entführt.“

Rechtsprechung polnischer Gerichte dazu ist noch nicht veröffentlicht. Die folgenden Bemerkungen stützen sich daher auf polnische StGB-Kommentare.

a) Unterschiede zum tschechischen Recht

Zum „Frauenhandel“ nach § 246 des tschechischen StGB weist Art. 204 Abs. 4 des polnischen StGB folgende Unterschiede auf:

- *Er greift auch, wenn das „Opfer“ ein Mann ist.*
- *Der Täter muss das Ziel verfolgen, dass die von ihm ins Ausland „gelockte“ bzw. „entführte“ Person zur „Prostitution“ bestimmt wird, also zu sexuellen Handlungen gegen Bezahlung mit vielen wechselnden Partnern. Nicht strafbar ist es, das Opfer ins Ausland zu locken oder zu entführen, damit es dort nur „gelegentlich“, nicht aber „professionell“, sexuelle Kontakte aufnimmt.*

In Tschechien gehören zum Tatbestand die Verlockung, die Vermittlung oder die Beförderung der Frau ins Ausland; das polnische Recht sieht hingegen nur zwei Begehungsformen vor:

1. *Die „Verlockung“ ins Ausland; „Locken“ (zwabiac) ist verbunden mit Irreführung oder mit Ausnutzen des Irrtums des Opfers über den wahren Zweck der Reise. Das „Verlocken“ nach tschechischem Recht kann hingegen mit wahren Versprechen geschehen, also wenn die Frau mit dem Zweck einverstanden ist. So war es auch in Polen nach altem Recht. Eine bloße Vermittlung (auf Wunsch der Frau) kann allerdings heute noch „Menschenhandel“ nach Art. 253 sein.*
2. *Die „Entführung“ ins Ausland; Merkmal der „Entführung“ ist die Handlung gegen den Willen des Opfers.*

(…)

Sie sehen, wie kurz der Text geworden ist, ohne dass etwas vom Inhalt fehlt.

5. Pressemitteilung/Zielgruppe Zeitungsleser

Vor allem, wenn Sie für Nichtjuristen schreiben, müssen Sie darauf achten, dass Sie alles weglassen, was den Laien nicht interessiert oder für ihn belanglos und daher überflüssig ist. Gerade für Anwältinnen und Anwälte sind Pressemitteilungen ein Marketinginstrument, mit dem sie sich in die Presse und damit ins Gespräch bringen können. Aber nur wenn Sie Journalisten kurz und verständlich informieren, werden sie sich für Ihre Pressemitteilung interessieren.

a) Schreiben Sie folgende Mitteilungen der Justizpressestelle Berlin-Moabit um. Zielgruppe sind Zeitungsleser. Für sie sind nicht alle Feinheiten wichtig, die juristisch relevant sein können. Daher können Sie hier stark kürzen.

Tipp: Denken Sie bei diesen Übungen ganz besonders daran, Überflüssiges und Doppeltes wegzustreichen.

Ursprungsfassungen:

1. *Dem Angeklagten wird vorgeworfen, in dem in Berlin-Spandau gelegenen Wohnheim für Asylbewerber dem ihm bekannten Zeugen Alaskar S. im Verlauf eines verbal geführten Streits in Tötungsabsicht ein Küchenmesser wuchtig in den Unterleib gerammt zu haben.*

   Der Geschädigte erlitt eine mehrfache Verletzung des Dick- sowie des Dünndarms. Sein Leben konnte nur durch eine sofort eingeleitete Notoperation im Krankenhaus gerettet werden.

2. *Dem Angeklagten, der seit mehreren Jahren alkoholabhängig und suizidgefährdet ist, wird vorgeworfen, seine Lebensgefährtin und noch zwei weitere Personen im Zeitraum März/April 1999 körperlich misshandelt zu haben.*

   Außerdem soll er mit einem Gasrevolver dreimal auf seine Lebensgefährtin geschossen sowie zu einem späteren Zeitpunkt mit einem Küchenmesser in Richtung ihres Gesichts eingestochen haben. Die Geschädigte, die den Stich mit der linken Hand abwehren wollte, erlitt eine tiefe Schnittverletzung am linken Zeigefinger. Dieser musste aufgrund einer später eintretenden Wundinfektion amputiert werden. Auch auf andere Personen, die der Geschädigten helfen wollten, sich dem Einflussbereich des Angeklagten zu entziehen, soll er teils mit einem Beil, teils mit einer Flasche eingeschlagen haben, wodurch es zu ernsthaften Verletzungen kam.

Lösungen:

1. *Die Staatsanwaltschaft wirft dem Angeklagten vor, in einem Spandauer Asylbewerberheim Alaskar S. im Streit ein Küchenmesser in den Unterleib gerammt zu haben, um ihn zu töten. Dabei wurde Alaskar am Darm schwer verletzt. Sein Leben konnte nur durch eine Notoperation gerettet werden.*

2. *Der Angeklagte soll seine Lebensgefährtin und zwei weitere Personen im März/April 1999 misshandelt haben. Außerdem soll er mit einem Gasrevolver dreimal auf seine Lebensgefährtin geschossen und mit einem Küchenmesser in Richtung ihres Gesichts gestoßen haben. Als seine Lebensgefährtin das Messer abwehren wollte, schnitt sie sich tief in den linken Zeigefinger. Die Wunde infizierte sich und der Finger musste amputiert werden. Auf Personen, die der Frau helfen wollten, soll der Angeklagte mit einem Beil und einer Flasche eingeschlagen haben.*

b) Schreiben Sie die folgende Pressemitteilung des Deutschen Anwaltvereins um und achten Sie dabei vor allem auf eine sinnvolle Gliederung. Auch hier müssen Sie natürlich alles Doppelte und Überflüssige streichen; denn der Journalist, der die Mitteilung bekommt, will so wenig wie möglich lesen:

Ursprungsfassung:

Das Präsidium des Deutschen Anwaltvereins (DAV) hat die Änderungsvorschläge der Bundesregierung bzw. der Regierungsfraktionen zum Entwurf der Änderungen der Zivilprozessordnung und des Gerichtsverfassungsrechts beraten und ist befriedigt darüber, dass Anregungen, Bedenken und Forderungen des DAV von der Rechtspolitik wahrgenommen und schließlich auch teilweise berücksichtigt worden sind. Entsprechend der Forderungen des DAV soll nunmehr weiterhin auch im Berufungsverfahren eine Überprüfung der Tatsachenfeststellung möglich sein. Zudem soll in der Berufungsinstanz grundsätzlich ein Richterkollegium aus drei Richtern entscheiden. Nach wie vor lehnt der DAV eine Konzentration aller Berufungen bei den Oberlandesgerichten (OLG) ab. Daher stößt die in den Änderungsvorschlägen den Ländern nunmehr eingeräumte Experimentiermöglichkeit auf erhebliche Bedenken.

„Es ist gut, dass schließlich die Bedenken, Forderungen und Anregungen der Anwaltschaft doch Gehör gefunden und zu den jetzt vorliegenden Änderungen geführt haben", so Rechtsanwalt Dr. Michael Streck, Präsident des DAV. Nach wie vor seien die gewichtigen Argumente gegen eine Konzentration der Berufung bei den OLGs, wie Verstopfung der Berufungsinstanz, Kostenerhöhungen und weite Wege, nicht widerlegt worden. Dies seien Barrieren für den Zugang des Bürgers zum Recht.

Erfreulich ist, dass nach den Änderungsvorschlägen auch in der ersten Instanz beim Landgericht anstelle des Einzelrichters ein Richterkollegium die Sache an sich ziehen kann, wenn die Parteien dies durch übereinstimmenden Antrag wünschen. Sinnvoll scheint auch der Änderungsvorschlag, dass – wenn beide Parteien zustimmen – das Gericht per Videokonferenz verhandeln kann. Hiermit werde die Voraussetzung geschaffen, den Gerichtsprozess durch Einführung eines neuen Kommunikationsmittels zu modernisieren, so der DAV.

Lösung:

Der Deutsche Anwaltverein (DAV) begrüßt die meisten Änderungsvorschläge der Bundesregierung und Regierungsfraktionen zum Änderungsentwurf der Zivilprozessordnung und des Gerichtsverfassungsrechts. Viele Anregungen und Forderungen des DAV sind darin berücksichtigt:

- *Wie bisher soll es in der Berufung möglich sein, die Tatsachenfeststellung zu überprüfen.*
- *In der Berufungsinstanz sollen grundsätzlich drei Richter entscheiden.*
- *In der ersten Instanz beim Landgericht kann anstelle des Einzelrichters ein Richterkollegium entscheiden, wenn beide Parteien das wünschen.*
- *Das Gericht kann per Videokonferenz verhandeln, wenn die Parteien zustimmen.*

Nach wie vor lehnt der DAV allerdings ab, alle Berufungen bei den Oberlandesgerichten zu konzentrieren. Dagegen spricht, dass

- *die Berufungsinstanz verstopft wird,*
- *die Kosten steigen*
- *und die Wege weit sind.*

Das behindert den Zugang des Bürgers zum Recht.

6. Briefe

Die folgenden Briefe sind aus gängigen Prozessformularbüchern entnommen. Schreiben Sie sie klarer, kürzer und freundlicher. Es geht vor allem um sprachliche Kürzungen; lassen Sie aber auch alles weg, was inhaltlich überflüssig ist. Bei Briefen an Normal-Bürger denken Sie bitte daran, dass Laien Fachbegriffe nicht verstehen; wenn nötig, müssen Sie sie erklären.

Die Lösungen sind nicht zwingend, sondern nur Vorschläge, wie Briefe kürzer und klarer formuliert sein können. Was Sie davon für sich inhaltlich übernehmen, müssen Sie selbst entscheiden.

a) Korrespondenz-Mandat

Ursprungsfassung:

Sehr geehrter Herr Kollege,

ich bitte Sie darum, ein Mandat der von mir ständig vertretenen Firma A. zu übernehmen. Diese wurde von der Firma B. mit der in Kopie anliegenden Klage überzogen. Das wirksam als zuständig vereinbarte Landgericht … hat Termin auf den … bestimmt und eine Frist zur Klageerwiderung bis … gesetzt. In der Anlage füge ich einen Entwurf für die Klageerwiderung bei mit der Bitte um Überprüfung, ggf. Ergänzung nach Ihrem Ermessen und Einreichung bei Gericht. Die Korrespondenz bitte ich mit mir zu führen. Für eine Bestätigung des Mandats wäre ich dankbar. Sollten Sie an der Übernahme oder Durchführung des Mandats verhindert sein, bitte ich Sie, das Mandat einem geeigneten Kollegen weiterzugeben.

Rechtsanwalt

Lösung:

Sehr geehrter Herr Kollege,

könnten Sie ein Mandat der Firma A übernehmen? A wird ständig von mir vertreten. Am … hat die Firma B sie verklagt. Zuständig ist das Landgericht L.; seine Zuständigkeit ist wirksam vereinbart worden. Das Landgericht hat Termin auf den … bestimmt und eine Frist für die Klageerwiderung auf den … gesetzt.

Den Entwurf einer Klageerwiderung füge ich bei. Ergänzen Sie ihn falls nötig und reichen Sie ihn bei Gericht ein. Bitte führen Sie die Korrespondenz mit mir.

Bitte bestätigen Sie mir das Mandat. Falls Sie es nicht übernehmen können, geben Sie es bitte einem fachkundigen Kollegen.

Mit freundlichen und kollegialen Grüßen

Rechtsanwalt

b) Mandatsniederlegung

Ursprungsfassung:

Sehr geehrter Herr …,

nachdem Sie mein Vorschussersuchen bis heute trotz Mahnung ignoriert haben, sehe ich mich nicht in der Lage, für Sie weiter tätig zu sein. Ich lege daher das Mandat nieder. Die Niederlegung habe ich gegenüber dem Landgericht … angezeigt. Ich weise noch einmal darauf hin, dass Termin zur mündlichen Verhandlung ansteht am … Ich werde den Termin nicht wahrnehmen. Sofern für Sie kein anderer Anwalt auftritt, müssen Sie mit dem Erlass eines Versäumnisurteils gegen sich rechnen.

Mit freundlichen Grüßen

Rechtsanwalt

Lösung:

Sehr geehrter Herr …,

Sie haben trotz Mahnung meinen Vorschuss nicht gezahlt. Darum werde ich nicht länger für Sie tätig sein und lege mein Mandat nieder. Das habe ich dem Landgericht … bereits angezeigt.

Die mündliche Verhandlung wird am … stattfinden. Ich werde den Termin nicht wahrnehmen. Falls Sie keinen anderen Anwalt finden, der in dem Termin für Sie auftritt, müssen Sie mit einem Versäumnisurteil rechnen; das bedeutet, Sie können den Prozess allein deshalb verlieren, weil Sie keinen Anwalt haben.

Mit freundlichen Grüßen

Rechtsanwalt

c) Abtretungsanzeige durch den Zedenten

Ursprungsfassung:

Sehr geehrte Frau ...,

Wie Ihnen bekannt ist, haben Sie Ihre Verbindlichkeit mir/uns gegenüber aus unserem Kaufvertrag vom ... (Datum) über ... (Kaufgegenstand) trotz Fälligkeit bislang nicht beglichen. Zu Ihrer Unterrichtung teile/n ich/wir Ihnen mit, dass ich/wir von dieser Forderung über Euro ... (Betrag) heute am ... (Datum) an Herrn/Frau/Firma ... (Name/Anschrift) einen Teilbetrag in Höhe von Euro ... (Betrag) mit Vorrang zugunsten des Abtretungsempfängers abgetreten habe/n.

Lösung:

Sehr geehrte Frau ...,

Sie haben den ... bisher nicht bezahlt, den Sie am ... bei uns gekauft haben. Wir haben heute ... Euro der Kaufpreisforderung an die Firma ... abgetreten.

Das bedeutet: Sie müssen zuerst die ... Euro an die Firma ... zahlen und dann den Rest des Kaufpreises in Höhe von ... Euro an uns.

Mit freundlichen Grüßen

...

d) Abtretungsanzeige durch den Zessionar

Ursprungsfassung:

Sehr geehrter Herr ...,

aus Ihrem Kaufvertrag vom ... (Datum) mit Herrn/Frau/Firma ... (Name des Zessionars) über ... (Kaufgegenstand) ist eine Verbindlichkeit Ihrerseits trotz Fälligkeit offen. Ich/Wir geben Ihnen hiermit zur Kenntnis, dass Herr/ Frau/Firma ... (Name des Zedenten) von seiner/ihrer Forderung an Sie über Euro ... (Betrag) heute am ... (Datum) an mich/uns einen Teilbetrag in Höhe von DM ... (Betrag) mit Vorrang zu meinen/unseren Gunsten abgetreten hat. (Ggf.: Eine beglaubigte Abschrift der Abtretungserklärung überreiche/n ich/wir in der Anlage.) Bitte überweisen Sie diesen Betrag binnen vier Wochen mit dem Vermerk … auf eines der im Kopf dieses Schreibens angegebenen Konten.

Ich/wir möchte/n Sie darauf aufmerksam machen, das eine Zahlung an den Zedenten Herrn/Frau/Firma (Name des Zedenten) Sie nicht von Ihrer Verpflichtung befreien würde, den abgetretenen Betrag der Forderung an mich/uns zu erbringen. Im eigenen Interesse werden Sie sicherlich vermeiden wollen, diesen Betrag gegebenenfalls zum zweiten Mal zahlen zu müssen.

Sollte die Forderung nicht mehr bestehen oder sollten Ansprüche Dritter oder zur Aufrechnung geeignete Gegenansprüche vorhanden sein, so benachrichtigen Sie mich/uns bitte umgehend.

Lösung:

Sehr geehrter Herr …,

Sie haben bisher den … nicht bezahlt, den Sie am … bei Herrn A … gekauft haben. Herr A … hat heute … Euro von der Kaufpreisforderung an uns abgetreten.

Bitte überweisen Sie diesen Betrag bis zum … auf unser Konto Nr. … bei der …

Sollten Sie trotz der Abtretung die … Euro an Herrn A … zahlen, müssten Sie trotzdem auch an uns zahlen.

Sollten Sie schon bezahlt haben, teilen Sie uns das bitte sofort mit.

Mit freundlichen Grüßen
…

e) Rechtsgeschäft durch einen Minderjährigen

Ursprungsfassung:

Sehr geehrte Frau …, sehr geehrter Herr …,

Ihre/Ihr Tochter/Sohn … (Name) hat am … (Datum) bei uns eine Campingausrüstung zum Preis von Euro … (Betrag) bestellt. Nachträglich ist uns zur Kenntnis gekommen, dass Ihre/Ihr Tochter/Sohn noch gar nicht volljährig ist und deshalb derartige Verträge nicht rechtswirksam abschließen kann.

Zu unserem Bedauern sehen wir uns deshalb genötigt, unsere Annahme dieser Bestellung Ihrer/Ihres Tochter/Sohnes vom ... (Datum) entsprechend den gesetzlichen Bestimmungen hiermit zu widerrufen. Gleichzeitig möchten wir Sie bitten, Ihre/Ihren Tochter/Sohn von diesem Vorgang in Kenntnis zu setzen.

Lösung:

(Hierbei habe ich berücksichtigt, dass das Unternehmen nicht daran interessiert sein kann, den Kauf abzulehnen, sondern vernünftigerweise eine Genehmigung möchte. Das ist schon dem Grunde nach falsch in dem Muster.)

Sehr geehrte Frau ..., sehr geehrter Herr ...,

Ihre Tochter/Ihr Sohn ... hat am ... eine Campingausrüstung für ... Euro bei uns bestellt. Wir haben festgestellt, dass Ihre Tochter/Ihr Sohn minderjährig ist und deshalb in dieser Höhe nichts bestellen durfte. Vorsichtshalber wenden wir uns daher an Sie. Wir können die Bestellung nur annehmen, wenn Sie einverstanden sind. Bitte teilen Sie uns mit, ob wir die Bestellung ausführen dürfen oder stornieren sollen.

Mit freundlichen Grüßen

...

f) Antrag des Kindes, den Namen seiner Mutter zu bekommen

Ursprungsfassung:

Antrag des Kindes auf Erhalt des Mutternamens nach negativer Vaterschaftsfeststellung

An das Standesamt ...

Nachdem rechtskräftig festgestellt worden ist, dass Herr Oskar Scheiner, ..., dessen Familiennamen Scheiner ich, Michael Scheiner, derzeit führe, nicht mein leiblicher Vater ist, beantrage ich hiermit, den Namen, den meine Mutter, Frau Amalie Mayer,..., bei meiner Geburt geführt hat, zu führen, so dass ich Michael Mayer heiße.

Ich, Frau Amalie Mayer, stimme hiermit als alleinige gesetzliche Vertreterin meines Sohnes Michael diesem Antrag zu.

Michael Scheiner *Amalie Mayer*

Lösung:

Antrag des Kindes, den Namen seiner Mutter zu bekommen

An das Standesamt …

Ich, Michael Scheiner, beantrage, den Familiennamen Mayer zu führen; das ist der Name, den meine Mutter, Frau Amalie Mayer, ..., bei meiner Geburt geführt hat. Derzeit führe ich den Familiennamen des Herrn Oskar Scheiner. Nachdem rechtskräftig festgestellt worden ist, dass Oskar Scheiner nicht mein leiblicher Vater ist, möchte ich diesen Namen nicht mehr führen.

Ich, Frau Amalie Mayer, stimme als alleinige gesetzliche Vertreterin meines Sohnes Michael diesem Antrag zu.

Michael Scheiner *Amalie Mayer*

Formulierungs-Tipps für Briefe und Schriftsätze

Einige Beispiele, wie Sie umständliche Standardformulierungen klarer und kürzer fassen können:

statt:	**besser:**
sehr geehrte Damen und Herren Kollegen	*liebe/sehr geehrte Kolleginnen und Kollegen*
in vorbezeichneter Angelegenheit	– (überflüssig)
beiliegend übersende ich Ihnen das	*beiliegend/hier das*
bei unserem fernmündlichen Gespräch	*am Telefon*
der Unterzeichner/Unterzeichnete	*ich*
wir bestätigen den Eingang Ihres Schreibens vom	*vielen Dank für Ihren Brief vom*

Rückantwort/Rückfrage	*Antwort/Frage*
Sie sind dem Zahlungsersuchen trotz Mahnung nicht nachgekommen	*Sie haben trotz Mahnung nicht bezahlt*
die seitens des Klägers geäußerte Bitte	*die Bitte des Klägers*
das klägerische Verhalten	*das Verhalten des Klägers*
Nichteinhaltung der im Vertrag festgelegten Vereinbarungen durch den Kläger	*der Kläger hielt sich nicht an den Vertrag*
in der Sache unbegründet	*unbegründet*
die Fälligkeit der Rechnung ist gegeben	*die Rechnung ist fällig*
die Auftraggeberseite führte die Abnahme der Werkleistung durch	*der Auftraggeber nahm das Werk ab*
der Beklagte hatte sich mündlich dahingehend geäußert	*der Beklagte hatte gesagt*
unter Ausschluss jeglicher Gewährleistung	*ohne Gewährleistung*
beim Kläger handelt es sich um einen seriösen Geschäftsmann der Automobilbranche	*der Kläger ist ein seriöser Autohändler*
die Wahrung der Fristen war nicht eingehalten	*er hat die Frist versäumt*
die erfolgreiche Erreichung der klägerischen Zielsetzungen	*das Ziel des Klägers erreichen*
mit der Bitte um Mitteilung seitens des Gerichts, wann mit einer Terminfestsetzung zur mündlichen Verhandlung zu rechnen sein wird	*wann wird die mündliche Verhandlung stattfinden?*

IV. Briefmuster/Empfehlungen

1. Brief an eine Kollegin/einen Kollegen

In Briefen an Kollegen erscheinen Anrede, Einleitungssatz und Schlussformel oft sehr „verstaubt", kühl und geschäftsmäßig. Doch gerade mit diesen Elementen können Sie den Ton des Briefes steuern.

Schreiben Sie nicht: *Sehr geehrter Herr Kollege Steffen, ...* wenn Sie eine besonders freundliche und warme Atmosphäre mit dem Brief erzeugen wollen. Das ist zwar freundlich, aber doch sehr geschäftsmäßig.

Schreiben Sie: *Lieber Herr Kollege Steffen, ...*

Verehrter Herr Kollege kann ich nicht empfehlen; es klingt antiquiert und gestelzt.

Ich lehne den Zusatz *Kollege/Kollegin* grundsätzlich ab als zu geschäftsmäßig, antiquiert und vor allem überflüssig. Jeder weiß doch, dass er Kollege oder Kollegin des anderen ist. Man muss es nicht noch schreiben. Zudem steht es ja bereits im Adressfeld des Briefes.

Viel wichtiger als die Anrede ist der Einleitungssatz. Benutzen Sie vor allem nicht die Standardformulierung: *In vorbezeichneter Angelegenheit*. Sie ist erstens überflüssig, weil sie ja wohl in keiner anderen Sache schreiben, als der im Betreff bezeichneten, und zweitens ausgesprochen kühl und geschäftsmäßig.

Beginnen Sie beispielsweise damit, dass Sie den Brief, auf den Sie antworten, bekommen haben. Zum einen sparen Sie eine Bezugszeile, zum anderen lassen Sie gleich den gewünschten Ton anklingen.

Stufen Sie ab:

Ich bestätige den Eingang Ihres Schreibens vom ... (kühl und geschäftsmäßig)

Ihr Schreiben vom ... habe ich erhalten (geschäftsmäßig, aber nicht so kühl)

Vielen Dank für Ihren Brief vom ... (freundlich)

Vielen Dank für Ihren freundlichen Brief vom ... (freundlich und dialogbereit)

Herzlichen Dank für Ihren Brief vom ... (besonders freundlich und offen)

Wenn Sie natürlich gar nicht auf einen Brief des Empfängers antworten, sondern den Briefverkehr eröffnen, helfen Ihnen die Vorschläge nichts. Dann sollten Sie beginnen mit

Frau ..., ... X-straße ... in ..., hat mich gebeten, ihre rechtlichen Interessen wahrzunehmen.

Nach der Einleitung schreiben Sie kurz und klar – ohne Nominalstil und Schachtelsätze – Ihr Anliegen.

Die Schlussformel sollte in der Regel lauten: *Mit freundlichen Grüßen* oder, wenn Sie darauf Wert legen, *Mit freundlichen und kollegialen Grüßen*, aber nicht *Mit freundlichen kollegialen Grüßen*. Denn was *freundliche kollegiale Grüße* (ohne Komma und ohne *und*) sind, konnte mir bis heute noch keiner erklären. Ist *freundlich kollegial* etwas anderes als *freundlich* oder eine besondere Form der Freundlichkeit oder eine besondere Form der Kollegialität?

Offenbar wird diese Schlussformel seit vielen, vielen Jahren durch Generationen hindurch übernommen, ohne dass je einer darüber nachgedacht hat, was das heißen soll.

Auch bei der Schlussformel können Sie den zu Beginn gewählten Ton steuern:

Mit kollegialer Hochachtung (abweisend, an der Grenze zur Beleidigung)

Mit kollegialen Grüßen (geschäftsmäßig und kühl)

Mit freundlichen und kollegialen Grüßen (freundlich, aber noch geschäftsmäßig)

Mit besten Grüßen (freundlich und offen)

Mit herzlichen Grüßen (besonders freundlich und sehr offen)

Mit der Mischung der drei Elemente Anrede, Einleitung und Schlussformel können Sie den Ton den Briefes bestimmen und damit die Atmosphäre, die zwischen Ihnen und dem Empfänger herrschen soll. Wie Sie das tun, ist Geschmackssache und natürlich Ihnen überlassen.

Muster für einen freundlichen Brief:

An Frau Rechtsanwältin Petra Schmitt …

Schulz ./. Sander Ihr Zeichen: …

Sehr geehrte Frau (Kollegin) Schmitt,

herzlichen Dank für Ihren Brief vom … Januar 2006.

Dass Ihr Mandant unseren Vergleichsvorschlag angenommen hat, freut uns sehr. Mein Mandant wird die Vergleichssumme von 2500 Euro noch heute auf Ihr Konto überweisen.

Mit besten Grüßen

Muster für einen geschäftsmäßigen, kühlen Brief:

x-Verlag ./. Y-Verlag Ihr Zeichen: …

Ihre Drohung mit Zwangsvollstreckung nebst Gebührenrechnung

Sehr geehrter Herr Dr. Zwergmann,

Ihr Schreiben vom … habe ich heute erhalten. Sie drohen darin meiner Mandantin mit der Zwangsvollstreckung, weil sie trotz der Kostenfestsetzung vom ... bis gestern nicht die Kosten auf Ihr Konto überwiesen hat. Eine Gebührenrechnung für die Drohung haben Sie gleich beigelegt.

Halten Sie das nicht für überzogen? Die 14-Tages-Frist in der Kostenfestsetzung ist erst gestern abgelaufen und noch am selben Tag schicken Sie eine Drohung mit der Zwangsvollstreckung ab. Meine Mandantin hat vorgestern, also einen Tag vor Fristablauf, den Betrag auf Ihr Anwaltskonto überwiesen; der Betrag muss inzwischen auf Ihrem Konto eingegangen sein. Üblicherweise wartet man mit solchen Drohungen noch ein paar Tage, weil ja erfahrungsgemäß eine Überweisung von Bank zu Bank ein oder zwei Tage dauern kann und in großen Unternehmen Überweisungen auch intern ein paar Tage in Anspruch nehmen. Mag sein, dass für die Frist juristisch der Eingang des Geldes auf Ihrem Konto entscheidend ist. Es gibt aber zwischenmenschliche Gepflogenheiten, die sogar ein Rechtsanwalt einhalten sollte, und die meisten tun das sogar.

Außerdem teilen Sie mir erst in dem „Droh-Brief" mit, dass Sie für Zahlungen empfangsbevollmächtigt sind. Bis gestern wusste ich also gar nicht, auf welches Konto der Betrag überwiesen werden sollte. Zu den mir bekannten Gepflogenheiten gehört auch, dass der gegnerische Anwalt, der ja immerhin ein Kollege und nicht zwingend mein Feind ist, nach der Kostenfestsetzung in einem Schreiben mitteilt, dass er Empfangsvollmacht hat und unter welchem Aktenzeichen und auf welches Konto das Geld überwiesen werden soll. Weil ich mir aber schon dachte, dass Sie die Dinge sehr verbissen sehen, habe ich meine Mandantin gebeten, vorsichtshalber so schnell wie möglich auf Ihr Konto zu überweisen.

Die Gebühren für den „Droh-Brief" wird meine Mandantin nicht bezahlen.

Mit kollegialen Grüßen

2. Brief an eine gegnerische Partei

An …

Müller ./. Meyer AG

Sehr geehrter Herr Meyer,

Herr Peter Müller, Kirchstraße 5 in … Köln, hat mich gebeten, seine rechtlichen Interessen wahrzunehmen.

Sie haben Herrn Müller am 10. Januar 2001 eine Mahnung über 1998 Euro für einen Scanner geschickt und darin gedroht, das Geld einzuklagen. Mein Mandant hatte Ihnen aber bereits in seinem Brief vom 3. Dezember 2000 mitgeteilt, dass er Ihr Paket mit dem Scanner nicht bekommen hat.

Mein Mandant wird daher trotz Ihrer Mahnung nicht bezahlen.

Mit freundlichen Grüßen

Literaturempfehlungen

Ahrens, Wilfried, Der Geschädigte liegt dem Vorgang bei. Juristische Stilblüten, C.H. Beck 2004

Berger, Peter, Flotte Schreiben vom Amt, Carl Heymanns, 2004

Hirsch, Eike Christian, Deutsch für Besserwisser, dtv-Sachbuch, 2. Aufl. 1988

Lauterbach, Anja, Deutsch für Juristen, in Anwalt, 2/2000, S. 20

Neuland, Eva (Hrsg.), Sprache und Schicht, Diesterweg, 1978

Reiners, Ludwig, Stilkunst, C.H. Beck 1991

Rössner, Michael-Christian, Die Sprache des Rechtsanwalts, in Anwaltsreport, Serie in den Heften: 10/1998, S. 1; 12/1998, S. 2; 2/1999, S. 8; 3/1999, S. 5; 6/1999, S. 15

Schmuck, Michael, Recht und Sprache, in MDR 1995, S. 782 (= Berliner Anwaltblatt 1996, S. 237)

ders., Klares Deutsch statt Schwulst, in Die Kanzlei 2000, Heft 8, S. 283

Schneider, Wolf, Deutsch fürs Leben, rororo-Sachbuch, 1995

ders., Deutsch für Profis, Goldmann-Taschenbuch, 1999

ders., Deutsch für Kenner, Serie Piper, 4. Aufl. 1999

Walter, Tonio, Kleine Stilkunde für Juristen, C.H. Beck, 2002

Whorf, Benjamin Lee, Sprache – Denken – Wirklichkeit. Beiträge zur Metalinguistik und Sprachphilosophie. rororo – rowohlts enzyklopädie, 1988

Für die Suche nach treffenderen und kürzeren Wörtern empfehle ich: *Textor, A.M.,* Sag es treffender, rororo-Sachbuch, 43. Aufl. 2002.